세상에서 가장 아름다운 이름
부모님께 이 글을 바칩니다.

콜센터
연봉1억녀의
비밀노트

개정판 1쇄 발행 2021년 10월 20일

지은이   이송미
펴낸이   이기봉
펴낸곳   도서출판 좋은땅
주소   서울시 동작구 노량진로 10 스타트업 F존 404호
전화   070-4647-4844
이메일   sangdam00700@gmail.com
홈페이지   www.go800m.com

ISBN   979-11-975958-0-6 (03320)

텔 레 마 케 팅 의   모 든   것

콜센터 연봉1억녀의 비밀노트

개정판

이송미 지음

책을 펴내며

거창하게 시작하고 싶지도 않다. 나라는 인간이 책을 낼 깜냥이 되나? 나름 진지하게 고민을 해본 것도 사실이다. 아직 답이 내려지지 않았지만 정신을 차렸을 때는 무언가에 이끌리듯 내 손이 자판을 벌써 두드리고 있었다(고민에 대한 해답은 글을 읽는 그대들이 해 주시기를 바란다).

글쓰기에 큰 재주도 없고 (평소 쓰지도 않고) 책 읽기도 그리 좋아하지 않는 내가 책을 써야겠다고 나름 큰 결심을 하게 된 이유는 내가 겪었던 실수 또 아팠던 상처를 같은 일을 하는 우리 후배들에게는 최대한 적게 겪게 해 주고 싶고 또 효율적인 방법으로 알려서 현재 내가 누리고 받은 감사함을 많은 사람들과 나누고 싶었기 때문이다. 미리 얘기하지만 나는 닭보다는 아이큐가 높고 돌고래보다는 낮다. 공부도 당연히 못해서 큰 흥미도 없었고 슈퍼에서 거스름돈도 잘못 받아 올 때가 많았다. 그런 내가 우연히 들어온 콜센터에서 나름의 성공을 거두고 연봉 1억을 달성한 것은 요행이나 행운이 아닌 무던하게 목표를 향해 직진해 온 성실함과 흘린 눈물 그리고 땀으로 이뤄낸 노력의 결과이다. 글을 읽고 당신의 것으로 잘 소화시킨다면 그대의 결과가 더 좋을 것이라고 믿는다. 이 책에 담긴 이야기는 나라를 구한 것도 아니고 인류를 구원하는 신기술도 아니다.

이 글을 읽고 있는 당신의 급여를 올려 줄 수 있다고 감히 자신도 못 하겠다. 하지만 당신이 목표하는 목적지에 최대한 단기간에 데려가 줄 한두 가지 열쇠는 분명히 들어 있을 것이다. 그동안의 콜 분석학이라든가 과학적인 접근 또는 학계에 보고된 어려운 단어나 글들은 이 책에서 찾기 어려울 것이다. 순전히 글을 쓰는 필자 기준으로 쓰인 글이므로 학식이 풍부하신 분들께는 먼저 사죄의 말씀을 올린다. 그림을 보면 그 사람의 성향을 알 수 있고 글을 읽으면 그 사람 또한 보일 것이다. 워낙 바쁘게 살아서 시간 절약을 위해 평소에도 말을 돌려서 하지 못해 손해를 볼 때가 많다. 최대한 단순하게 바로 읽고 업무에 사용할 수 있게 직설적으로 구성하였으니 철학적인 인과관계나 학계의 자료를 요청하면 드릴 수 없다는 것 다시 한 번 말씀드린다. 이 책을 우연히 집었든 목적하여 읽게 되었든 상관없다. 수많은 책들 중에서 선택해 주신 것에 다시 한 번 감사드린다.

이 책을 읽고 꼭 당신의 업무가 또 인생이 바뀌어 좋은 장소에서 다시 만나기를 바라며 정성 담아 적어 올릴 테니 부디 승승장구하시기를 응원하고 기대하며 서문을 연다.

7. 자기관리

01.
콜센터,
나의 일터

콜센터
연봉1억녀의
비밀노트

나의 성공담

"연봉 1억 2천만 원을 받기까지"

콜센터에 종사하는 42만 명(2013년 기준)의 사람들 중에서 어릴 적 꿈이 전화 상담원 또는 콜센터에 근무하는 사람이 될 것이라고 목표하고 살아온 사람은 아마 단 한 명도 없을 것이다.

나 또한 내가 콜센터에서 근무를 하고 또 연봉 1억 원을 넘게 받는 성공을 하리라고는 전혀 생각하지 못했다. 지금의 직업과 다른 장래희망이 있었고 나름의 노력도 했었고 꿈을 이루기 위한 시도도 여러 번 했었다. 그런데 잘 안됐다. 실의에 빠져 우울한 시간을 보내고 있던 중에 나를 살린 곳이 바로 콜센터였다. 우연히 인터넷 모집공고를 통해 지원하게 되었는데 새벽에 입사지원을 하고 그날 아침에 연락이 와서 오후에 면접을 보러 간 뒤 당일 저녁 합격통보를 받아 근무하게 되었다. 채널에 따라 모집경로나 합격자를 뽑는 방식은 다르겠지만 대부분이 나처럼 아주 쉬운 문턱을 통해 콜센터에 입성한다. 누구나 들어올 수 있지만 아무나 성공하지 못하는 곳도 바로 이 콜센터다. 누군가 요새는 좋아하는 일보다는 잘할 수 있는 일을 해야 겨우 살아남는 시대라고 했다. 내가 그랬다. 나에게 잠재되어 있던 전화영업력은 업무에 투입되는 순간 빛을 발휘하기 시작했다.

내가 당시 콜센터가 마음에 들었던 것은,

① 개인적인 일

② 성과가 눈으로 바로 보이는 일

③ 고소득

때문이었다.

근무를 하면서 더 많은 점을 발견했지만 처음 마음에 든 이유는 이 점들 때문이었다.

당시 일을 오래 쉬어서 신나게 일했는지 정말 일이 재미있어 신나게 근무했는지 모르겠지만 정말 재밌게 신입 시절을 보냈다. 일하고 공부하고 연구하고 실행하고 6개월을 열심히 전력질주해서 살았다고 자부한다. 물론 쉽게 콜센터에 적응했던 것은 아니다. 전화영업도 모르고 보험의 '보' 자도 모르던 나였다. 처음 들어갔던 회사 이름도 헷갈려서 'abc보험회사'를 'acb보험회사'로 잘못 안내해서 혼나기도 엄청 혼났었다. 정말 아무것도 모르는 천둥벌거숭이이던 시절이었다. 또 머리도 나빠서 도저히 보험 공부도 동료들을 따라갈 수도 없었다. 척척 계산해내는 친구들이 그저 신기하기만 했다(나중에 아주 간단한 수식이라는 것을 알고 처음부터 겁먹었던 내가 억울했다). 정말 열심히 공부를 했지만 뜻대로 되지 않았다. 공부 쪽으로는 머리가 좀 나쁘다는 잠정적인 결론이 났다. 하지만 일과 관련된 것은 달랐다. 고객과 소통하며 고객의 인생에 결정적 도움을 줄 수 있는 보험 상품을 제안하는 일이 즐겁고 보람되었다. 계약이 돼도 좋고 계약이 안 돼도 마음 맞는 고객 한두 명만 만나도 그렇게 재밌을 수가 없었다. 또 내가 계약해 준 보험으로 인해 치료를 잘 받고 있다며 고마워하는 고객, 저축은 하지도 않던 탓이였지만 지금은 어엿한 종자돈을 마련해서 장가간 고객 등 사람과 사람의 이야기가 쌓일수록 좀 더 그들이 기댈 수 있는 전문인이 되어야겠다고 생각했다. 그래서 더 공부하고 매일 연구했다. 지금도 많이 부족하지만 처음 마음은 변하지 않았다. 그리고 물론 당연한 이야기지만 남들보다 일찍 출근해서 항상 제일 늦게 퇴근했다. 전화영업인으로서 힘들 때도 있지만 지금도 목소리로 소통하는 것이 즐겁고 특히 고객이 청약을 결정해 주시는 그 순간의 즐거움은 아직 대신할 만한 것을 찾지 못했다.

혹시 예전의 나처럼 가야 할 곳을 아직 찾지 못했거나 일을 하고는 있는데 능률이 오르지 않은 이가 있다면 이 책을 따라서 딱 6개월만 함께 해 보시기를 바란다. 월 급여 천만 원이 가능할 수도 어려울 수도 있겠지만 6개월 이전의 나와 다른 한 뼘 더 성장한 내가 거울 앞에 당당하게 서 있을 것이며 무엇을 하든 다음 도전은 더 쉬울 것이다.

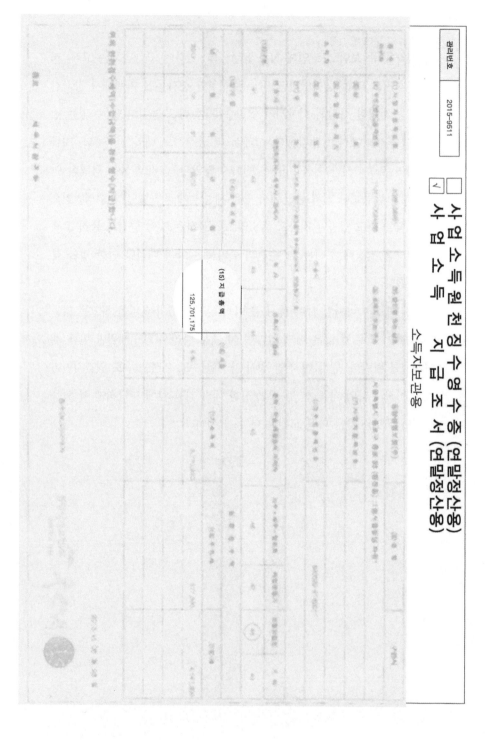

전화영업의 매력

"차가운 전화선으로 뜨거운 열정을 전달한다"

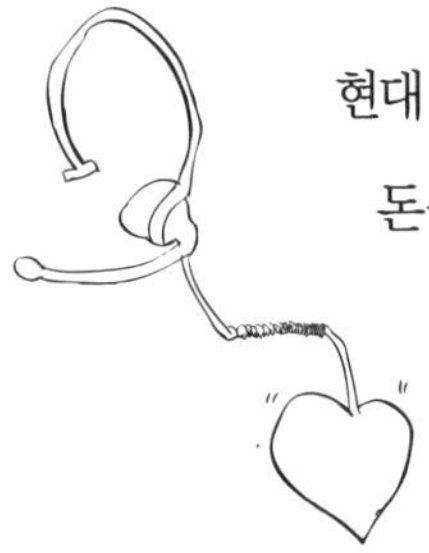

〈그림 1〉 열정을 전달하는 헤드셋

현대 자본주의 사회에서 사람을 대하지 않고 돈을 버는 것은 거의 불가능하다. 하지만 누군가 이야기한 것처럼 사람을 만나서 '돈을 벌려면 돈이 든다'는 것이다. 왜냐하면 사람을 만나려면 옷차림에서부터 응대까지 여러 가지 신경 써야 할 부분이 많기 때문이다. 대면영업을 하게 되면 외적인 투자나 유지비용이 들게 되는데 이에 상응하는 대가를 받기도 하지만 이것저것 빼고 나면 유지가 잘 안 되는 경우가 더러 있다. 남는 장사가 아닌 경우가 많다는 소리다.

사람을 만나면서 배우는 것도 있지만 에너지 손실이 꽤 크다. 사람을 만나는 영업으로 1,000만 원의 급여를 받으면 접대비나 외적인 투자비용으로 대략 1/3 정도가 쓰이게 된다(물론 영업 방식에 따라 더 적게도 더 많이도 쓰인다). 내가 번

17

급여 전부를 가져갈 수 없는 것이다. 그래서 수당 체계도 다르기는 하지만 대체적으로 수입에 비례하게 비용도 증가한다.

그러나 다이렉트 채널의 텔레마케팅은 투자대비 가성비가 좋은 편이다. 같은 1,000만 원의 급여를 받아도 비용적인 부분의 1/5 정도만 쓰인다. (물론 영업 방식에 따라 더 적게도 더 많이도 쓰인다)

또 시간과 공간을 초월하여 한 자리에서 전국을 관리하기 때문에 에너지 소비도 적고 고객님들도 시간을 내기 편하며 얼굴이 서로 노출되지 않다 보니 좀 더 자유로운 상담과 상호 간의 보호도 가능하다. 또 목소리만으로 상상하며 고객과 교감하는 일도 재미있다. 얼굴을 마주하고 있지 않다 보니 내성적인 사람들도 용기를 내서 도전할 수 있고 아쉬운 소리에 대한 거절에도 덜 민망하다. 그래서인지 상담원 중에는 헤드셋을 끼면 장군이 되지만 퇴근 후에는 얌전한 새색시가 되는 친구들도 더러 있다.

내가 목표 도달을 빨리 할 수 있었던 이유

① 신입 6개월간 업무에 집중

② 업무의 시스템화

③ 긍정적인 마음

세 가지가 제일 컸다.

꾸준히 포기하지 않고 하다 보면 성공하기 마련이다. 나에 대한 신뢰를 떨어트리지 않고 꾸준하게 하는 것이 제일 중요하다. 필자는 6개월 만에 천만 원의 급여를 받았고 연봉 1억 원 이상을 받을 수 있었다. 꾸준한 업무실적도 올리다 보니 주변에서 교육 의뢰도 많이 받았다. 하지만 교육을 하다 보니 체계화된 교육서가 없었고, 좋은 기회에 내가 가진 정보와 노하우를 정리하여 책을 발간한 것이다 개인적으로는 가문의 영광이고 더 많은 꿈을 꿀 수 있게 만들어 준 기회이기에 매일 행복한 꿈을 꾸며 실행하고 감사하며 살고 있다. 이 모든 것은 6개월까지 수련했던 신입 과정에서 얻은 것들이며, 나처럼 이 글을 읽는 누구라도 전화영업을 하며 현재 상황에서 좀 더 행복해지기를, 좀 더 많은 기회를 가질 수 있기를 바래본 다. 부족한 필력이지만 진심으로 쓰인 이 책으로 그대의 가슴에 닿기를 원 한다.

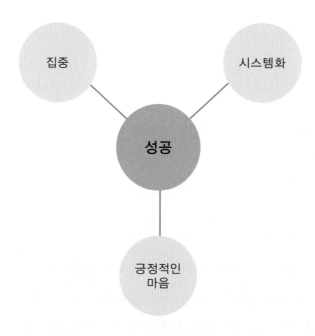

콜센터, 나의 일터

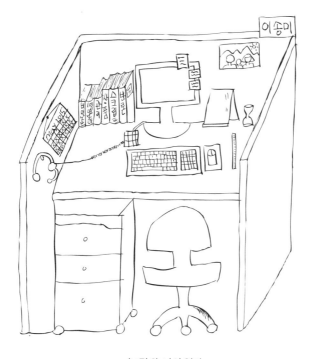

〈그림 2〉 나의 일터

콜센터: '콜센터(Call center)'는 전화로 업무를 보는 곳을 통칭한다.[1]

---

1) 출처: 위키백과, "콜센터", https://ko.wikipedia.org/wiki/%EC%BD%9C_%EC%84%BC%ED%84%B0.

1) 콜센터의 근무 환경과 급여 수준

필자도 그랬고 전화 상담원의 대부분이 사전지식 없이 들어가는 곳이 콜센터이다(고객센터, 컨택센터, 콜센터 등등 부르는 명칭은 다양하다).

솔직히 교통이 편하고 급여와 근무시간이 잘 맞으면 들어가지 처음부터 센터 목표를 정해놓고 오는 상담원은 흔치 않다. 본인의 성향과 목표에 따라 센터를 정하면 되는데 현재 본인의 상황에 맞춰서 선택하는 것이 정답이다(혹시 잘 모르겠다면 필자의 이메일로 상담을 요청하시라. 즉답은 어려워도 정성 어린 답변을 드리겠다).

어떤 업무나 마찬가지겠지만 돈을 많이 벌어야 하는 사람과 하루 일과 중 근무시간을 많이 할애할 수 없는 경우 두 가지를 다 만족시킬 수 없다. 본인이 조금 힘듦을 감수하고 근무시간이 많고 일한 만큼 보상이 나오는 센터를 가든지 아니면 급여는 높지 않더라도 본인이 오래 일할 수 있는 쪽으로 선택하고 교육받는 것이 좋다.

어디가든 상위자는 대접을 받지만 대부분 금융서비스 쪽이 급여가 높은 편이고 고객 상담만 하는 것보다는 계약이나 성과를 체결하는 것이 급여가 높다. 급여도 편차가 큰 편인데 100만 원대 미만부터 최대 5천만 원이 넘는 월 급여(일시적 성과수당 포함)를 받아가는 상담원도 본 적이 있다.

첫 단추를 잘 끼워야 한다는 속담이 있듯이 처음부터 어느 센터를 들어가느냐도 대단히 중요하다. 아무리 열심히 일해도 처음부터 급여 체계가 낮은 쪽에서 계속 있다면 자기 발전이 없기 때문이다. 그렇다고 급여만 쫓아 다니기에는 본인의 능력을 제대로 보는 것이 중요하다. 멀리 미래의 그림이 그려지는 곳으로 터를 잡는 것이 좋다.

2) 콜센터의 비전

⑴ 콜센터에 들어온 것이 두 번째로 잘한 일이다

존경하는 선배 중의 한 분은 엄마가 된 것이 인생에서 가장 잘한 일이고 보험회사 콜센터에 들어온 것이 두 번째 잘한 일이라고 말하는 것을 본 적이 있다. 필자도 콜센터에서 인생이 뒤바뀌어졌다 해도 과언이 아니다. 감사하게도 적성에 맞는 일이 잘하는 일이 되고 보수 또한 든든하게 받을 수 있어 생활도 윤택해졌다. 근데 생활이 윤택해지고 나니 더 큰 꿈이 생겼다. 미래가 없던 나에게 10년 뒤, 20년 뒤, 50년 뒤의 꿈을 콜센터가 꿀 수 있게 해 주었다. 참 감사한 일이다.

콜센터는 아무나 들어올 수 있지만 누구나 성공하지 않는 곳이기에 전문성이 요구되는 직업이므로 일반상담원을 거쳐 관리자, 최고관리자 혹은 센터를 직접 운영할 수도 있다. 또 어떤 직원은 급여를 많이 모아서 빌딩을 세웠는데, 이런 사람이 한두 명이 아니다. 자녀들을 해외로 유학을 보내 훌륭하게 키우기도 하며, 모아놓은 자금 운영으로 굳이 일을 하지 않아도 돈이 들어오는 상담원들도 많이 있다. 또 우리 회사 주차타워에는 벤츠, 포르쉐, 아우디 등 집 한 채 가격의 차들이 주차되어 있다. 경기가 다들 어려워졌다고는 하지만 일한 만큼의 대가를 받을 수 있는 곳 또한 바로 이곳이다. 그리고 나를 포함한 대부분의 상담원 모두 다 콜센터에 오기 전에는 상상도 못 했던 일이라고 한다. 크게 꿈을 꾸는 것도 좋지만 일단 신입인 우리들은 6개월, 1년, 2년, 3년 이렇게 목적자금을 모아보려는 목표를 세워보는 것이 좋다. 월급을 천만 원, 이천만 원, 삼천만 원 계획을 세워서 차곡차곡 모아보자.

3) 콜센터에서 근무하는 사람의 마음자세

(1) 기업의 대표

한 기업이 창업 초기부터 경영 안정을 이루려면 사실 굉장한 노력이 있어야 성공할 수 있다. 또 이 성공을 유지하기 위해서는 세심한 유지관리를 해야 하는데 우리 다이렉트 채널은 상담원인 우리들이 고객님을 만나는 최전방이라고 할 수 있다. 힘들게 일궈놓은 기업의 노고에 감사한 마음을 가지며 기업을 대신해서 고객님을 만나는 것이므로 정성 가득한 응대가 필요하다. 나의 말 한 마디에 기업의 가치가 올라가기 때문이다. 요즘처럼 기업 간의 기술차이가 한 치 차이일 때는 서비스로 성패가 날 때가 많다. 가장 중요한 것은 고객님이 우선이 되어야 한다는 것이다. 기업이 있고 내가 있다.

그리고 내가 곧 기업이 되어야 한다. 기업의 대표로서 내가 사장인 것처럼 대표하여 업무에 신중히 임해야 한다. 물론 없는 권한을 얘기하면 안 되겠지만 최대한 고객님 입장에서 회사와 고객님 사이의 소통이 잘 될 수 있게 해야 하는 임무가 주어진다. 기업은 단순히 DB 제공 업체가 아닌 내 삶의 일터가 되는 것이다. 회사가 잘 돼야 나도 성장할 수 있다. 나의 부정확한 상담이 기업이미지를 망치는 일이 없게 해야 하며, 어떤 경우라도 미소를 잃으면 안 된다. 그리고 고객에게 오 안내했던 실수는 빨리 잘못을 시인하고 사과를 드리면 되는 것이지만 불친절한 응대나 성의 없이 응대를 해서 고객의 마음을 상하게 하는 것은 어떤 사유라도 구제받을 수 없다. 늘 회사를 염두하고 정확한 상담에 임해야 한다.

(2) 칠장이의 배려

옛날에 낡은 배를 가진 할아버지가 살았는데 어느 날 수리를 해야겠다고 결심했다. 미루고 미루다 때마침 나타난 칠장이에게 일을 맡겨 겉만 예쁘게 칠을 새로 해놨는데 다음날 칠이 마르자마자 아들이 배를 타고

〈그림 3〉 낡고 구멍 난 배

나간걸 알게 되었다. 문제는 배에 구멍이 났었기 때문이다. 할아버지는 너무 놀라서 다리에 힘이 풀려 주저앉게 되었고, 아무 생각 없이 겉만 칠해놓은 자신이 바보같이 느껴져서 몸져눕게 되었다. 근데 이게 웬일인가? 아들이 살아서 멀쩡하게 돌아 온 것이다. 웬일인지 살펴보니 배에 겉칠을 하던 기술자가 배의 구멍까지 땜질을 해놓은 것이다. 덕분에 할아버지는 아들을 살릴 수 있었고 칠장이에게 감사 사례를 하였다.[2]

고객센터에서 일하는 우리들은 기업의 대표기 때문에 칠장이처럼 땜질까지는 못하더라도 칠만 하지 않고 구멍이 난 배에 구멍이 났다고 써 붙이기라도 해서 사고를 방지할 수 있어야 한다. 당연히 칠장이처럼 땜질까지 할 생각이라면 당신의 성공은 보장될 것이다.

바람직한 상담원은 어떤 상담원인지 깊은 고민을 하시기 바란다.

(3) 경청의 자세

심리학자 레이크는 상대방의 이야기를 제3의 귀, 곧 마음의 귀로 들으

---

2) 출처: 강지혜 글, 『탈무드로 배우는 같이[가치] 학교』, 상상의집, 2015, pp126-129

라고 했다 우리가 가족들이나 가까운 지인들과 이야기를 할 때 그 문장의 단어 선택이 세련되지 못하고 어순이 맞지 않아도 안에 담긴 따뜻한 마음을 느껴본 적이 있을 것이다. 그것은 그 말에 담긴 의도를 이해하고 상대를 애정하기 때문이다. 경청의 자세는 고객컨택센터에서 중요함을 강조해도 지나침이 없을 것이다. 고객에게 상품을 선택하도록 도우려면 보통 상담원들이 주로 말을 하게 되고 보통 대화의 주도권도 말을 하는 사람이 쥐게 된다. 하지만 대화의 주도권을 고객이 갖게 하면 고객의 대화 참여도가 올라가고 대화의 참여도가 올라갔을 때 우리 상품의 장점을 설명하면 계약으로 더욱 쉽게 이어진다. 고객의 대화 참여도를 올리는 가장 좋은 방법은 이야기를 잘 들어주는 것이다. 신입 상담원이 바로 해보기에 어려울 수 있지만 경청을 하다 보면 쉽게 정보를 얻게 되고 고객 말씀 속에서 계약의 힌트가 나오게 된다. 요즘은 말 못하는 사람이 없고 오히려 말할 곳이 없다. 그래서인지 잘 들어주고 공감대 형성이 잘 되서 소통이 잘되는 상담원이 급여가 높다. 고객의 말씀 속에 모든 해결책이 다 있다. 소통의 기본은 경청이다. 귀 기울여 잘 들어보자.

이야기를 듣다 보면 계약이 어려운 이유를 알게 되고 해결책을 제시해서 계약해야 하는 이유가 나오기 때문이다. 또 바로 계약을 하지 않더라도 다음 통화를 위한 정보 수집을 위해서라도 경청은 중요하다. 오늘 30분 통화했는데 청약하지 않았다고 시간을 버렸다며 자책하지 말자. 이번 통화로 얻은 정보와 친밀감을 통해 다음 계약으로 이어질 수 있다.

(4) 고객은 아기다

고객님은 항상 아기와 같다고 생각하자. 우리가 보호해드리고 하나하나

자세하게 설명해드려야 한다는 것이다.

우리는 화면을 보면서 이야기하지만 고객님은 청각만으로 때로는 빨래를 하면서, 아이 밥을 먹이면서, 길을 걸으면서, 운전을 하면서, 우리의 상담내용을 인지한다는 사실을 기억해야 한다.

이 점을 항상 유념하고 정확한 발성과 속도로 쉽고 간단명료하게 설명해드려야 한다.

4) 신용정보를 소중히

(1) 정보보호에 신중을 기해야 한다

우리는 관련 법령에 따라 고객의 신변에 관련된 정보를 유출하면 법에 접촉을 받고 또 문제가 된 그 책임도 내가 져야 한다. 그래서 회사 내에서도 복도나 화장실 심지어 엘리베이터 안에서조차 동료들끼리 사담을 나눌 때도 고객정보를 신중히 다루는 것은 선택사항이 아닌 필수사항이다. 또 실수하면 돌이킬 수 없기 때문에 꼭 회사 규정에 따라야 하고 관련 부서의 운영지침을 준수해야 한다.

신용정보이용보호법은 개인의 신용정보를 이용하는 업체에 대한 자격요건과 신용정보를 보호할 목적으로 신설된 제도로 '신용정보사업자'로 허가받은 업체나 금융기관이 업무목적 외에 신용정보를 누설할 경우 손해배상의무를 지게 된다.

이 법은 1995년 7월 6일부터 시행되었다. 신용정보제공 이용자란 신용정보법 시행령에 규정된 은행, 증권, 보험, 상호신용금고, 농수축협 등 금융기관과 대형유통업체, 카드회사, 중소기업협동중앙회 등이다.[3]

OX 퀴즈

[Q] 남편분만 우리의 고객님인데 부인에게 전화가 연결된 경우 전화 건 목적을 이야기 해도 될까요?

[A] X

우리는 어떠한 정보도 이야기하면 안 된다. 잘못 전화 드렸다 하고 전화를 빨리 끊는 것이 상책이다. 가입여부도 말해선 안 된다. 예전에 남편이 선물을 산 것을 아내에게 이야기했다가 그 선물이 아내에게 안 가고 다른 분에게 간 것을 아내가 알고 문제가 된 경우도 있었다. 당연히 담당자도 책임을 피할 수는 없었다. 개인정보 관리는 항상 조심해야 한다.

---

3) 출처: 신용정보이용보호법, 『한경 경제용어사전』, 한국경제신문/한경닷컴(2009.11.23).

02.
집중해야 할
4가지

1.
콜센터,
나의 일터

2.
집중해야 할
4가지

3.
청약용어와
청약 순환

4.
6개월
집중 훈련

5.
낭독의
발견

6.
화법

7.
자기관리

8.
불만족
고객 응대방법

9.
내 삶의
5대 영양소

집중해야 할 4가지

'모스크바' 아니라 모스콜반

아는 언니 부부가 냉면집 장사로 성공을 했는데 그 창업 과정을 듣다가 눈물을 한 바가지 쏟은 적이 있다. 이들 부부는 장사 시작 전 전국에서 유명한 냉면집에 일일이 가서 맛보고 또 종업원인척 일도 해보면서 육수 재료는 무엇을 쓰는지 면의 탄력도는 어느 정도가 좋은지 알기 위해 주방쓰레기까지 뒤지는 등 우여곡절을 겪었다고 한다. 화려한 성공 뒤에는 눈물 없이는 들을 수 없는 고생담이 존재했었다. 어느 누구도 자신의 노하우를 쉽게 오픈하지 않는다. 어떤 업종을 불문하고 말이다. 하지만 유독 이 콜센터에서는 모방이 쉽다. 잘하는 사람 따라서 하면 된다. 남의 가게 음식쓰레기를 뒤지지 않아도 되고 발품 팔아 여기저기 돌아다니지 않아도 된다. 콜센터 특성상 혼자 몰래 일할 수 없고 일한 흔적을 또 지울 수 없기 때문이다. 고객님과 상담원의 법적 보호를 위해 녹취기록이 남기 때문이다. 그래서 나만 알고 있을 수도 너만 알고 있을 수도 없다. 한 사무실에서 일하다 보면 우수상담원의 일하는 소리가 들리기도 하고 (우수상담원 근처 자리가 인기가 많다) 이렇게 잘하는 사람을 따라서 하다 보면 어느 정도 업무가 익숙해진다. 물론 본인만의 창의성이 곁들여진다면 더할 나위 없이 좋다.

업무적으로 뛰어난 사람들의 곁에서 그들의 영업방식을 눈으로 보면서 일할 수 있는 것은 업무능력 향상에 매우 유리하다. 모니터링, 스크립트, 콜타임 준수, 반론암기(앞자만 따서 모스콜반) 이 네 가지는 맨땅에 헤딩하게 되는 초보 신입의 든든한 무기가 될 것이다. 이 네 가지는 자동차의 네 개의 바퀴와도 같다.

어느 하나 제대로 되어 있지 않으면 굴러가지 않는다. 모스콜반 이 네 가지가 좋은 상담원을 만들고 그리고 급여가 높은 상담원을 만든다. 개인차는 있지만 기본만 제대로 잘 지킨다면 생각보다 쉽게 텔레마케팅에 적응하고 또 흡족한 급여를 얻을 수 있다. 지금부터 이야기하는 이 모스콜반을 어느 누구보다 확실하고 빠르게 나만의 스타일로 마스터하도록 하자!

1) 모니터링

아마 콜센터는 남을 베끼고 무작정 따라 하는 것을 허락하는 유일한 곳이 아닐까 싶다.

우리가 우수사원의 콜을 토씨 하나 빠트리지 않고 그대로 적고 이야기해도 뭐라고 하는 사람 하나 없기 때문이다. 오히려 잘 베껴 쓰고 있다며 열심히 일한다고 칭찬을 받을 것이다. 그래서 유능한 한 명의 우수상담원이 수십 명, 수백 명의 상담원을 먹여 살리기도 한다. 우리도 열심히 해서 받은 고마움을 후배들에게 돌려 줄 수 있도록 하자.

또 선배들을 따라 하다 보면 본인의 스타일도 찾게 된다. 우리는 지겹도록 남의 콜을 들어야 하고 내 콜도 들어서 모니터링이 습관이 되어야 한다. 하지만 모니터링은 무턱대고 한다고 좋은 것은 아니다. 아예 안 하는 것보다 낫겠지만 모니터링이야말로 가장 효율적인 접근이 필요하다. 매일 해야 하고 계속 해야 하기 때문에 효과적인 시간 절약이 중요하다.

또 업무를 잘하기 위해서 모니터링을 해야 하는 건 맞지만 시간을 너무 할애하다 보면 피곤해서 집중콜 시간에 방해를 받을 수 있다. 그래서 우수상담원의 콜스킬 내용뿐만 아니라 효과적으로 잘 듣는 방법도 터득하는 것이 중요하다.

(1) 생활화·습관화

아침에 출근하면 어제 상담하면서 기분 좋았던 상담 내용이나 업적상위자의 베스트 콜을 위주로 듣는다. 업무시간 후에는 오늘 상담하면서 어려웠던 부분을 찾아 보완할 수 있는 스크립트 작성을 끝내놓는다. 근무시간에는 업무에 집중해서 많은 고객님을 만나고 모니터링은 집중콜 이외의 시간을 활용한다. 본인이나 우수상담원의 베스트 콜을 출퇴근 시 듣기도 하고 집에서 가사를 할 때도 음악처럼 틀어놓으면 시간을 절약할 수 있다. 필자는 신입 시절 잠을 잘 때도 뇌에 무의식적으로 흡수되라고 틀어놓고 잠을 청한 기억도 있다.

(2) 콜 받아쓰기(콜 뜨기)

간혹 모니터링을 그저 듣기만 하는 신입들이 있는데 이는 효율적인 방법이 아니다. 그 이유는 라디오처럼 흘려들으면 내 것이 되지 않기 때문이다.

상담 흐름을 보면서 필요한 멘트를 적어야 하는데 신입에게 어떤 말이 중요하고 어떤 포인트가 중요하지 않은지 구별하기 어렵기 때문에 제일 좋은 방법은 처음 통화가 이뤄진 순간인 '여보세요'부터 시작해서 숨 쉬는 구간까지 표시해가며 콜을 일일이 손으로 적어내는 것이다.[4]

원시적으로 보일 수 있으나 상담의 갈피를 못 잡고 있거나 슬럼프가 왔다면 10년이 넘은 선배 상담원도 지금까지 해오고 있을 정도로 효과가 좋다.

콜을 베껴 쓰다 보면 손도 아프고 어깨, 목, 눈도 피로하고 힘들기 그지 없다. 처음 적응하는 3개월간은 콜 베껴 쓰기를 일주일에 두 개 정도 하는 것이 좋다.

3개월이 지나면 한 달에 한두 개로 줄이고 나중에 적응이 되면 일 년에 한두 번으로 줄여본다. 딱 3개월 동안만 듣고, 적고, 적은 것을 보고, 읽고, 말하기를 반복하다 보면 선배의 기술이 내 것이 된다. 콜 베껴 쓰기를 한 만큼 성공할 수 있다. 필자는 신입시절 콜 베껴 쓰기를 하도 해서 연필 쥐는 손가락 근육에 굳은살이 배겨 있을 정도였다. 지금은 굳은살이 그렇게 두껍게 남아 있지는 않지만 당시의 열정, 뜨거웠던 그 순간은 마음속 깊이 굳은살처럼 남아 일에 대한 사랑을 지켜주고 있다

* 콜 베껴 쓰기가 좋은 이유
– 상담의 흐름을 알 수 있다.
– 우수상담원의 반론을 알 수 있다.

---

4) 콜 베껴 쓰기는 펜으로 써도 좋고 워드 입력도 좋다 둘중에 익숙한 방법을 선택하면된다. 단, 워드 입력이 수정에 용이하기 때문에 많은 상담원들이 선호하고 있다.

- 글을 손으로 쓰면서 오감이 자극되니 쉽게 외워지고 본인 것으로 소화가 잘된다.
- 나와의 차이점이 잘 보인다.

(3) 본인 모니터링과 타인 모니터링

① 나의 우수콜

가장 기분이 좋고 자신감이 넘치는 콜을 찾는다. 고액계약이 나왔거나 내가 생각해도 반론극복이 잘된 콜이나 고객과의 교감이 좋았던 콜들을 자신감이 없어졌을 때 다시 듣도록 한다.

② 나의 부진콜

제일 듣기 싫고 민망한 부분이지만 일이 잘 안 될 때는 어디에서 막히는 지, 도입인지, 반론인지 바로 그 부분을 찾아내서 극복하자. 아마 일이 잘 될 때의 목소리 톤이나 속도, 반론 횟수까지 여러 가지가 차이 날 것이다.

그리고 문제가 된 그 부분을 찾아내서 철저히 준비하자. 또 연상훈련법[5]을 통해 준비된 반론으로 극복되는 연습을 해보자. 단, 실패한 상담은 본인의 멘탈이 조금 강해졌을 때 듣도록 하자. 일이 안 되고 너무 힘이 없을 때 자신 없는 콜을 들으면 계속 우울해진다. 힘들 때일수록 밝고 기운이 좋은 콜을 찾아 듣는 것이 좋다.

③ 우수상담원

그는 나의 부족한 부분을 어떻게 극복하였는가. 납입방법이나 상품설명

---

5)   연상훈련법 80p 참고

이라든가 내가 약한 반론을 찾아내서 대응하는 방법과 말투를 빼곡히 베껴서 써내 그날그날 업무에 접목시킬 수 있도록 한다.

그러나 아무리 상위업적자의 콜을 토씨 하나 틀리지 않고 쓴다고 해도 사람마다 말씨, 억양, 말투가 다르기 때문에 똑같은 콜을 대본처럼 읽어내는 것이 반드시 좋다고 할 수 없다. 무턱대고 쓰기보다는 모니터링 표에 체크해가며 도입·상품설명·반론극복·클로징·납입방법 하나하나 콜을 분석하는 것이 좋다.

④ 부진상담원

사람은 내 처지 위를 바라보고도 살고 내 처지 아래를 바라보고도 산다고 했다. 본인이 절망적으로 상담해서 지친 날은 나보다 하위업적자의 상담 콜에서 힘을 얻어본다. '아, 내가 부족해도 저 사람보다는 낫구나' 하고, 당사자에게는 미안하지만 잠시나마 마음의 위안을 얻을 수 있다.

그리고 부진자에게도 배울 점은 있다. 나보다 부족한 상대에게 나에게 없던 강한 점을 발견할 때는 무엇보다도 강한 자극을 받게 된다.

⑤ 희귀상품판매 상담원

바쁜데 책 들고 약관 들고 일일이 공부할 자신이 없다면 판매된 종류를 보다가 다른 상담원이 어떻게 판매하는지 콜을 들어 셀링 포인트를 잡아본다. 가끔 판매하는 상품도 반론이나 스크립트를 따로 준비해두면 적재적소에 사용할 일이 생긴다. 멋진 옷도 준비되어 있어야 파티에 초대될 때 바로 나갈 수 있기 때문이다.

(4) 모니터링 방법

① 모니터링 표(스크립트 표와 동일)

콜은 라디오처럼 흘려서 들으면 중요한 부분을 놓쳐버린다. 그래서 모니터링 표에 적어가며 항목별로 나눠 듣고 내가 원하는 부분을 찾아 적어낸 뒤 나만의 스크립트에 적용까지 할 수 있어야 하며 상담 시 막히는 부분을 개선해서 업무에 사용하도록 해야 한다.

콜 시행일 및 상담원	콜 시행일: 상담원: 상품명:
첫인사	
도입 및 흥미유발	
상품설명	
반론	
클로징	
납입방법	
끝마무리 정리멘트	
한 줄 멘트	

우수자 순환과정	부진자 순환과정
인사→소속확인→안부→안심증거→문제제기→상품설명→간접 클로징→클로징→안 한다(고객 거절)→반론→문제제기(흥미유발)→상품설명→간접 클로징→클로징→안 한다(고객 거절)→반론→안심증거→소속확인→문제제기→상품설명→간접 클로징→클로징 @계약체결	인사→소속확인→안부→안심증거→문제제기(흥미유발)→상품설명→간접 클로징→클로징→안 한다(고객 거절) 포기 후 전화 종료 @계약실패

각각의 콜을 모니터링 한 후 청약순환과정을 분류해본다. 예를 들어 부진자는 첫인사 후 상품도입까지 5분이 소요되는데 우수자는 3분 30초 정도 소요된다면 부진자의 도입 멘트를 좀 줄여본다. 우수자의 도입 상담이 더 길다면 우수자와 비슷하게 멘트를 조정해본다. 또한 업적우수자는 순환과정을 계속 반복해서 사용하고 있지만 업적부진자는 순환과정을 1회만 회전시키고 상담을 종료했다. 각각의 콜을 비교해서 신입시절은 여러 시행착오를 겪어야 하므로 우수자와 나와의 차이점을 찾고 그 폭을 좁혀가는 것에 중점을 둬야 한다.

② 매일 들어야 한다

경력 10년 된 선배가 아침에 나와서 본인의 베스트 콜과 워스트 콜을 비교하는 모습을 보고 충격을 받은 적이 있다. 또 그 선배는 새로운 신입의 업적이 높으면 바로 듣고 본인 업무에 접목시켜 사용하시는데, 모니터링은 하루도 거른 적이 없을 정도로 습관이 되셨다. 지금도 현업에서 많은 후배들의 귀감이 되고 계신다.

③ 생선처럼 싱싱한 콜을 들어야 한다

우리의 상담에는 현재 사회상을 잘 반영해야 한다. 유명한 연예인이 암으로 죽으면 암보험의 판매율이 올라간다. 또한 드라마를 소재로 많은 얘기를 할 수 있는데 이 모든 것이 최신 버전일 때 현재 상황에 맞는 것이지, 5년 전 우수상담원의 콜을 듣고 현재에 접목시킨다면 좋은 성적을 기대하기 어려울 것이다.

항상 게을리하지 않고 새로운 우수자의 콜을 찾고 배워 업무에 접목시켜야 한다.

2) 스크립트

- 스크립트 구성 3대 요소: 도입, 상품설명, 클로징
- 스크립트 구성: 첫인사, 도입 및 흥미유발, 상품설명, 반론, 간접 클로징, 납입방법, 클로징, 끝인사

첫인사	인사, 소속을 정확히 밝힌다.
도입 및 흥미유발	전화를 건 이유를 설명하고 흥미를 유발시킨다.
상품설명	제일 좋은 장점을 3가지 넘기지 않고 이야기한다.
반론	① 거부 이유 – 해결책
	② 거부 이유 – 해결책
클로징	간접 클로징 멘트 3회 후 클로징 시도
납입방법	신뢰감을 형성하고 믿음을 드린 뒤 질의한다. 정확한 보호제도 설명
끝마무리 정리멘트	① 현재 마음 체크, 안심시켜드리기 ② 구매결정포인트 묻기 ③ 계절이나 상황에 맞는 인사말 후 종료

근무하는 목적이나 다루는 상품에 따라 상담 스크립트는 수백, 수만 가지로 나눌 수 있다. 3대 요소로 크게 나눌 수도 있고 5대, 7대 요소로 나누기도 한다. 어떻게 나누든 서론, 본론, 결론의 틀은 유지한다.

스크립트는 전쟁에서 이길 수 있는 전술서다. 장수가 전쟁터에 나가면서 스크립트(전술서)가 없는 것은 이미 패배한 전투에 참가하는 것이다. 병사들을 지휘할 수 없고 가진 무기를 쓸 방법을 모르는데, 아무리 최신식 무기가 있어도 백전백패다. 이미 죽은 것이다.

신입 상담원이 가끔 스크립트 없이 업무를 하는데 아주 위험한 일이다. 스크립트를 작성하기 귀찮아하거나 스크립트 없이 진행했다가 한두 번 계약이 나왔다고 자만하며 작성하지 않곤 한다.

또 어떤 신입은 고참선배들이 스크립트 없이 업무를 하는 것을 보고 따라 하는 경우가 있는데 그 선배의 피와 눈물로 채워진 노하우를 신입이 따라 하기에는 무리가 있다. 그들도 신입 때는 스크립트를 종이가 너덜너덜 해질 때까지 보기도 했고 지금도 그들은 셀링 포인트를 자신만의 방식으로 기록해서 상담에 활용하고 있다. 스크립트가 있으면 상담 흐름을 잡을 수 있고 고객에게 체계적인 설명이 가능하다. 글재주가 없어도 선배들 상담을 잘 듣고 따라 한 뒤 본인만의 스타일을 만들면 된다.

글 솜씨 문제가 아니다. 회사는 국어 점수로 월급을 주지 않기 때문이다. 스크립트에는 자연스럽게 상품 안내를 효과적으로 전달하고 계약을 체결하는 일련의 행동들이 담겨 있다.

우리는 전화로 고객이 지불 결정을 내리도록 도와야 하는데 작은 차이로도 고객의 마음을 돌리지 못 할 때가 많다. 우수콜을 많이 들어보고 스크립트 기본 구성틀에 본인만의 말씨로 구성할 수 있어야 한다. 영업하는 분야와 종류는 다르더라도 그 뼈대는 대부분 같다.

도입 부분에서 인사와 신뢰감 형성, 전화를 건 이유까지 말하고 상품설명 부분에서는 기존 상품이나 문제점들을 설명하며 상품의 장점을 푼다. 청약순환을 반복한 뒤 마지막으로 구매의사를 묻는 최종단계인 클로징에 이르게 된다. 제일 중요한 것은 요즘은 대부분 다들 바쁘기 때문에 '우리가 당신에게 상품을 권유해서 좋은 혜택이 옵니다. 그래서 녹음으로 계약해드리려고 전화를 했습니다'라는 의도를 5-7분 안에 밝혀야 고객도 나도 시간손해가 없다.

처음 상담원들이 도입을 어려워하고 그 다음 간단명료한 상품설명을 어려워하며 이후 클로징을 대부분 어려워한다.

하지만 모든 일에는 찾고자 하면 방법이 있다. 안 된다고 너무 좌절하지 말고 차라리 그 시간에 몰입해서 콜을 듣고 분석한 후 나만의 스크립트를 작성해보자. 작성 과정 중에 나만의 말버릇도 알게 되고 지나치게 많이 쓰는 단어나 불필요한 접속사는 최대한 줄여 간결한 상담을 해보자.

3) 콜타임의 중요성

TV에서 어느 유명한 등반가가 히말라야 산을 오르는 과정을 다룬 다큐멘터리를 방영한 적이 있다. 그는 매일 하루 3시간씩 동네 뒷산을 오르는 연습을 한다고 했다. 인상 깊은 건 단 하루도 거르지 않고 해왔다는 점이다. 또 등반 날짜가 잡히면 등반 연습시간을 한두 시간 더 늘리는 것 외에는 특별히 히말라야라는 거대 산을 오를 준비가 평소와 크게 다른 점이 없다는 것이었다. 꾸준히 매일 수련하는 것이 중요하다. 우리의 일은 고객 접촉 빈도나 시간에 따라 성과가 좋아지는데,[6] 5~10분 이상의 상담이 많을수록 소득이 높다는 실험이 진행되기도 했다. 신입의 경우, 부족한 경험치를 초기에 최대한 집중해서 올려야 한다. 이런 상황 저런 상황을 빨리 접해본 상담원이 성장할 수 있다.

일찍 일어나서 부지런히 먹이를 찾는 새가 먹이도 많이 먹는 법이다. 때론 센터의 기준 시간보다 10분 정도 부족해서 시간을 채우려는 마음에서 들어갔던 상담에서 의외의 큰 계약이 성사되는 경우가 많이 있다. 또한 한 시간 이상 콜을 해서 계약 성사가 안됐어도 가망고객을 잡은 것이고 가망고객도 못되면 내가 가진 DB에서 계약확률이 낮은 고객을 알게 된 것이라 생각하는 것이 정신건강에 좋다. 청약실패가 아니라 경험치를 하나 올린 거라고 생각하자. 자주 보아야 예쁘다. 오래 보아야 사랑스럽다.

이 말이 괜히 나온 것이 아니다. 우스갯소리로 입으로 상담하는 것이 아니라 엉덩이로 콜을 한다고도 이야기한다. 그만큼 끈기를 가지고 자리에 오래 앉아서 진득하게 집중해야 한다는 소리다.

헛소리나 사담으로 가득 찬 상담은 안 되지만 반론을 극복하고 계속 클로징을 해서 늘어나는 콜타임은 계약에 대한 확률이 높아지고 있다는 청신호이다. 고객의 말씀을 귀 기울이고 고객의 인생설계에 도움 드리고 싶은 마음이 있다면 당연히 상담 내용은 좋아진다. 그러면 자동으로 신경 쓰지 않아도 늘어나는 것이 바로 이 콜타임이다.

---

6) 그래프 참고

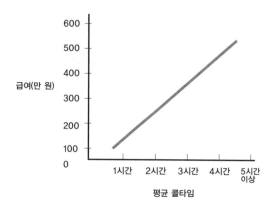

평균 콜타임이 높을수록 급여 또한 비례한다

(1) 콜 통계자료 보는 법

회사마다 자체 프로그램을 통해 상담원들의 근무상황을 통계 내어 효율적인 업무를 돕고 있다. 명칭은 회사마다 다를 수 있지만 그 맥락은 대부분 비슷하다. 콜 통계 보는 법을 알면 본인이 부족한 점이나 보강해야 할 점이 보인다. 하루에 한 번은 꼭 체크해보도록 하자.

① 통화시도

통화시도 횟수를 확인한다. 통화시도가 많지만 연결이 50% 미만일 경우는 도입멘트에 문제가 있는 경우가 많다. 이럴 때는 자료를 보고 스크립트를 수정해보는 것이 좋다.

② 연결

고객의 목소리를 듣고 통화한 횟수이다. 통화한 횟수가 많은데 계약연결로 이루어지지 않았다면 상품설명이 간략하지 않거나 고객에게 신뢰감을 주지 못해 설명시간을 잡지 못한 경우가 대부분이다. 좀 더 진심을 잘 전달할 수 있는 방법을 연구해야 한다.

③ 콜타임

통화시도 횟수가 많지만 콜타임이 나오지 않았다면 고객에게 상품설명을 많이 못 했고 가망고객을 많이 못 잡은 형태라 할 수 있다. 또 본인의 업무스타일이나 체력을 생각해서 1·2·3교시마다 적당하게 배분한다.

(콜타임:벨이 울리는 시간 제외하고 육성 상담시간)

* 콜타임 배분하기

예) 센터 기준 시간 2시간 30분(150분)
– 오전에 집중이 잘되는 상담원: 1교시 60분 / 2교시 45분 / 3교시 45분
– 오후에 집중이 잘되는 상담원: 1교시 40분 / 2교시 60분 / 3교시 50분

당연히 각 교시마다 비슷하게 배정하는 것이 좋지만 개인의 스타일과 업무 집중시간이 다르므로 본인이 알맞게 설정해서 꼭 지키도록 한다.

* 콜 비교 분석하기

A상담원

통화시도	연결	콜타임
70	32	2:30

B상담원

통화시도	연결	콜타임
100	29	2:10

오늘 A상담원은 대체적으로 안정적인 상담을 진행한 듯하다.
하지만 B상담원은 연결시도는 많았지만 고객과 연결이 잘되지 않았으며 콜타임도 나오지 않아 가망고객도 못 잡은 상태이다. 상품설명이나 10분 이상 상담이 많아지도록 고객의 흥미를 유발할 수 있는 점을 찾아보도록 한다.

* 아아~ 마이크 테스트!

우리는 말을 하는 직업이기 때문에 성대를 힘들이지 않고 오래 말할 수 있도록 적응돼야 한다. 평소에 말을 많이 하지 않던 직원들은 처음 일을 하게 되면 힘들다고 호소한다. 그래서 성대나 신체가 센터의 기준 시간을 견뎌내도록 연습해야 한다. 처음에 목이 쉴 수도 있고, 어떤 직원들은 성대 결절에 걸리기도 한다. 목이 아프다는 것은 내 성량보다 큰 소리로 말하고 있다는 것이다. 아프지 않게 목소리를 조금 작게 하거나 헤드셋 볼륨을 조절해보자. 무엇보다 업무집중시간에 집중해서 최대한의 효과를 내도록 하자.

어린 모종부터 틀에 맞춰 키우면 동그랗게 크는 수박도 네모난 모양이 된다.

〈그림 4〉 네모 모양의 수박

목이 긴 여자들이 아름다움의 기준이 된다는 치앙마이의 카렌부족 여인들이다. 이들은 아름다워지기 위해 동그란 쇠를 이용해서 매년 목을 늘려간다. 최대 목 길이가 30cm로 늘어나는 여인들도 있다고 한다.

〈그림 5〉 목이 긴 부족

중국의 전족이다. 어릴 때부터 아주 작은 신발에 발을 가둬 그 시대의 미인 기준에 맞춰 작은 발을 만든 것이다. 성인여자의 발이 10cm도 안 된다고 한다.

〈그림 6〉 중국의 전족

인간이 목표를 세우고 그 목표에 다가가다 보면 정신적, 신체적 능력향상을 하게 되는데 이런 일련의 과정들이 가능한 것은 바로 적응력 때문이다. 처음 한 시간도 말 못하던 상담원이 두 시간 세 시간 상담시간이 늘어나기도 하고 또 어떤 신입은 하루 일하고 목이 쉬어버렸는데 지금은 한 달 내내 낭랑한 목소리를 갖게 됐다. 도전하고 습관을 만들다 보면 적응이 되는 것이다. 필자는 주변에 잘 정착한 희망의 증거가 되는 사례들을 많이 보았다. 노력은 결과를 배신하지 않는다. 바로 나타나지 않아도 노력에 상응하는 선물을 언젠가는 되돌려준다. 두렵고 어렵다고 생각하지 말고 한 발 한 발 나아가보자.

4) 반론: 외워야 산다

상품내용을 잘 모르는 상태에서 반론만 암기한 실력을 가지고 고객과 교감하는 것이 가능할까? 교수님처럼 박식하게 상품에 대해 설명할 수 있어도 될까 말까일 텐데……. 잘 모르는 상태에서의 판매라니? 의아한 것이 당연하다. 이것은 신기하게도 종종 일어나는 일이다

어떤 신입사원이 업무에 투입되고 바로 첫 판매를 했다. 신기해서 물어

보니 상품에 대해 아주 기초적인 부분만 숙지했던 상태에서 프린트 해 준 반론을 계속 이야기하다 고객과의 교감에 성공했고 계약이 성사됐다고 했다. 암기한 내용만으로, 글을 읽는 것만으로도 고객의 마음을 산 것이다. 신상품이 출시되면 회사는 철저한 교육 진행 후 판매를 시작하지만 고객이 긴급하게 원하는 상품일 때는 기존 사원들도 상품 안내서만 참고하고 낭독해서 상품설명을 할 때도 있다. 가끔 반론집이나 상품설명서를 펼쳐 들고 내용을 읽고 있는 필자의 모습을 고객님께서 보고 계시지 않은 것이 참 다행스러울 때가 있다(대부분 3개월이면 외워지기 때문에 이 모습은 신입 때나 신상품 출시 시점이 아니면 거의 보기 힘들다). 반론이라는 것은 대부분 몇 가지로 정해져 있고 또 이미 선배들이 자료를 정리해놓은 것도 많아서 우리 신입들은 그대로 읽고 습득해서 몸에 익도록 만들어야 할 것이다. 반론 자료를 들고 상담진행을 해도 무방하나 갑자기 질문을 받거나 또 낭독이 매끄럽지 못하면 신뢰감을 얻지 못하고 로봇 같은 느낌도 준다. 이럴 때는 고객님께 신입이기 때문에 긴장해서 하나씩 자료를 보면서 말씀을 드린다고 솔직하게 이야기하는 것도 좋다. 하지만 이것도 한두 번이기 때문에 반론은 최대한 빨리 제대로 숙지해야 하며 완벽한 암기는 아무리 강조해도 부족함이 없다(반론암기가 안된 신입은 업무에 투입될 수 없는 곳이 대부분이다).

반론이라는 것은 말 그대로 내가 하는 말의 반대의견이다. 판매 제안을 하는 우리들의 반대의견은 고객이 안 산다는 것이다. 여러 이유가 많을 것 같지만 사실 몇 가지가 안 된다.

"여유 없다."

"나중에 한다."

"배우자와 상의한다."

"하기 싫다."

형태를 바꿔서 몇 가지 더 있을 수 있겠지만 아마 대부분은 위를 크게 벗어나지 않을 것이다. 상품내용의 관한 반론은 선배들께 구하거나 기존 판매우수자의 콜을 분석함으로써 얻을 수 있다.

(1) 반드시 외워야 한다

읽고 또 읽어서 내 것으로 만들어야 한다. '툭' 치면 '탁' 하고 나와야 한다. 새로 글을 쓰라는 것도 아니고 연구 분석을 하라는 것도 아니다. 이미 나와 있는 반론을 취합해서 외우는 정도이다. 읽고 쓰고 말하는 과정을 통해 반사적으로 나오도록 해야 한다.

(2) 외우지 못한다면 자연스럽게 읽고, 말할 수 있어야 한다

못한다는 생각을 버리고 정리해 놓은 반론을 자꾸 소리 내서 읽다 보면 어느 덧 내 것이 되어 있다. 일단 글을 읽되 읽는다는 느낌을 주면 안 된다. 못 외우겠다면 자신이 질문을 받았을 때 당황하지 않게 표시를 잘 해 놓은 반론집을 만들고 소리 내어 내 말투로 연습을 해 놔야 한다.

(3) 계속 반복 또 반복

반론을 해서 클로징을 한 고객의 거부는 의사표현 중 하나이다. 의사표시를 해 주면 왜 그런지 물을 수 있고 오히려 소통이 쉬워진다. 싸울 때 가장 무서운 적은 말을 안 하는 상대라는 것을 우리 모두 알고 있다. 고객의 거부 또한 청약 순환 과정이므로 자연스럽게 받아들이고 포기하지 않아야 한다. 중요한 점은 포기하고 싶을 때 한 번 더 반론하는 것이다.

* 롤플레잉(role-playing, 역할 연습법)

모니터링과 반론암기가 끝나면 만들어진 스크립트를 통해 주변인들 힘을 빌려 역할 연기를 해본다. 고객과 상담원으로 나누고 상품·연령·직업·재무상태·제안상품을 정해놓고 연습해본다. 준비된 질문도 하고 준비 안 된 질문들도 왔다 갔다 하며 부족한 상담기술을 연마해야 한다.

두려워하지 말고 동기들과 식구들 그리고 주위 선배들께 도움을 구해 롤플레잉을 해보자.

생각보다 쉬운 부분도 어려운 부분도 발견될 것이다. 막히는 부분마다 체크해 나가며 나만의 스크립트를 만들어보자.

03.
청약용어와
청약 순환

청약용어와 청약 순환

1) 청약용어와 청약 순환

① 청약 – 계약을 하는 행위

② 도입 – 처음 '여보세요' 인사나 안부를 묻는 부분

(포인트: 정중하게 소속을 확실히 이야기한다.)

③ 안심증거 – 고객이 처음에 공유를 허락해 주신 정보 또
는 기존 상품 정보를 정확히 이야기한다.

(포인트: 이메일이나 주소를 이야기할 때는 천천히 이야기한다.)

④ 문제제기 및 흥미유발 – 현재 불편하거나 혜택을 놓치는
부분에 대해서 설명한다.

(포인트: 우리 상품을 하게 되면 더 좋아지는 점을 이야기한다.)

⑤ 상품설명 – 상품에 대해 내용을 설명하는 부분이다. 장점
은 3가지만 굵게 이야기한다. 여러 가지를 말
해봐야 정신만 산만하다.

⑥ 클로징 – 계약가능여부를 묻는다.

(포인트: 거절을 두려워하지 말자. 어차피 설득하는 것이 청약 과정의 대부분이다.)

⑦ 간접 클로징 – 클로징 전 준비 단계로, 긍정답변을 얻기 위해 이미 긍정답변이 정해진 질문들을 두세 가지 정도 한다.

(포인트: '네'라고 10번 이상의 긍정답변을 한 고객이 청약을 할 확률이 많다.)

* 청약 순환표

인사→(소속확인→안부→안심증거→문제제기(흥미유발)→상품설명→간접 클로징→클로징)→안 한다(고객 거절)→반론→문제제기→상품설명→간접 클로징→클로징→안 한다(고객 거절)→반론→안심증거→소속확인→문제제기(흥미유발)→상품설명→간접 클로징→클로징

청약이 진행되는 과정을 정리해 놓은 표이다. 전화상담의 경우 대부분 크게 벗어나지 않은 순서로 진행된다. 상기 순환표를 계속 회전시킬수록 계약 성사 확률이 높아진다. 보통 우수사원일수록 포기하지 않고 5회 이상의 청약 순환을 한다. 청약 순환 회전이 많이 된 계약일수록 유지율도 좋은 편이다. 상담을 진행하다 장점이 잘 부각되지 않거나 흐름을 놓치면 다시 막힌 부분을 찾아 그 다음 순환 과정으로 넘어가서 상담 줄기를 잡아가도록 한다.

⑴ 청약 순환

상황에 따라서 다르긴 하지만 최소 5번의 거절에서부터 30번 이상의 거절도 받는다. 상기 순서를 5번에서 30번 이상을 반복한다는 소리다. 거절

도 청약 과정의 한 부분이다. 상담이 진행될수록 고객이 왜 망설이는지 알게 되고 그 부분의 해결책을 마련하면서 청약이 이뤄진다. 거절이 꼭 끝이 아니기 때문에 원인을 파악하는 것이 중요하다.

청약 순서	참고사항	예시
도입인사	요즘은 빨리 결론을 듣고 싶어 하기 때문에 인사는 최대한 간략하게 한다.	안녕하세요.(미소)
소속확인	정확하게 발음하고 천천히 말한다.	○○생명 이송미 담당입니다.
전화를 건 이유 및 통화허락	정중하고 자연스럽게 이야기한다.	○○○님 맞으시죠? ○○보험 운영 중이신데요. 지금 변동사항 없으신지 확인 전화 드리고 있습니다. 잠시 통화 괜찮으세요?
분위기 전환 멘트	재치 있는 질문으로 유머 있게~	평소 서울번호는 잘 안 받으시죠? 통화 잘 안 되세요.(미소)
칭찬	뻔하지 않은 것으로 연구해보자. 보통 '연체 없다', '상품 없어지기 전에 결정을 잘해서 들어오셨다' 등	운영 중인 상품이 연체가 한 번도 없으세요. 감사합니다. 모범생이세요.(미소)
고객의 정보 확인	'네' 라는 대답을 계속 이끌어냄(간접 클로징)	현재 주소는 ○○○이신데 변동 없으시구요?
소속 다시 한 번 확인	정확하게 발음하고 천천히 말한다.	네 저는 ○○생명 이송미 담당입니다. 변동사항 생기면 연락 꼭 주세요.(미소)
문제제기 /흥미유발	$a=a'$ 화법 사용	네, 전화를 드린 것은 다름이 아니오라~ 기존 불편하셨던 부분을 ○○한 조건으로 변경해드리고자 하는데요.
상품설명	셀링 포인트 3가지 정도만 강조	기존과는 달리 좋아진 게 세 가지가 있어요. 첫째는~~ 둘째는~~ 셋째는~~ 판매 포인트 두세 가지 정도 안내(기존과 달라진 점 안내) 예1) 기존에는 5개를 드렸는데 지금은 6개를 드립니다. 예2) 기존에는 후불제였는데 지금은 선불제로 바로 드려요~(미소)
간접 클로징	'네' 라는 대답을 계속 이끌어냄(간접 클로징)	지난번에도 전화로 편하게 계약하셨지요? 집 전화는 따로 안 쓰세요?

클로징		통화 계속 안 되시다 요번에 연결되셨는데 편하게 지난번처럼 좋은 조건으로 모시려고 하거든요? 전이랑 특별히 달라진 것 없으시면 지난번보다 더 좋아진 요번 상품도 확보해 놓으세요.(미소)
반론	상황별로 진행	'안 한다', '여유 없다 배우자와 상의한다', '지금은 생각 없다', '비슷한 것 있다' 등. 바잉 사인 확인, 계약진행
소속 확인		저는 ○○생명 이송미입니다.
고객정보 확인		아 근데 이메일주소는 그대로 맞으시죠?
문제제기		하지만 기존보다 저렴한 금액으로 내년 되기 전에 보강해 놓으시면 좋으시잖아요. 잘해드릴께요.
클로징		기존에 서류 받으셨던 주소지로 우편물 보내드리고 보장 바로 확보해드릴게요.(미소)
반론		반론 설명
클로징		저희가 유지가능한 분들 먼저 전화 드려요. 충분히 하실 수 있으세요. 괜찮으시죠?
본인확인		저는 ○○생명 이송미 담당입니다. ○○때부터 계속 관리해드리고 있습니다. 믿고 함께해 주세요.
클로징 후 녹음진행		내용을 눈으로 확인할 수 있는 서류 보내드리고 말씀드린 내용 확보해드릴게요. 괜찮으시죠?(미소)

(2) 청약 후 과정

보험 상담은 고객이 청약을 결정해도 모두 가입할 수 있는 것이 아니라 회사의 가입절차기준에 맞춰서 계약을 했는지 검토하고 가입자의 현재 요건이 인수기준에 부합한지 심사를 거친 후에 완료된다. 바로 다음날 인수가 되는 경우도 있지만 청약한 날로부터 최대 한 달까지 걸리기도 한다. 또 인수기준이 미달된 경우는 증명서류를 첨부하거나 회사가 원하는 수치를 얻기 위해 건강검진을 받아야 하는 경우도 있다. 이 과정에서 인수가 안 되면 청약은 반송된다.

청약 → QA감청 → 언더라이팅심사 → 보안관리 → 최종심사 → 증권발행

(회사상품마다 다를 수 있습니다.)

① QA감청

전화로 계약을 하기 때문에 고객과 회사가 서로 녹취기록을 통해 보호 받을 수 있다. 이 기록을 토대로 회사의 룰에 맞춰 계약이 이뤄졌는지 녹취록은 감청부서로 이관되어 심사를 받는다. 회사의 청약 녹취 스크립트를 누락했거나 재설명을 해야 할 부분이 있다면 다시 고객의 동의를 얻어야 하며 기록을 남긴 후 관련 부서에 재심사를 올려야 한다.

팁 1) 청약 후에 자주 보완이 나오는 부분은 메모를 해두었다가 녹취스크립트 종료 후 끝인사 전에 재설명을 하는 것도 좋다.

팁 2) 회사의 청약 녹취 스크립트는 누락된 부분이 발견되면 다시 고객에게 정정해야 하며 이런 경우 다시 전화해서 고객에게 설명해야 하는 등 신뢰감이 떨어지게 된다. 규정된 녹취스크립트를 자를 대고 읽는 것이 좋다. 녹취 중에 고객이 질문을 한다거나 중간에 전화가 끊기는 일이 많으므로 누락되는 것 없이 읽어내기 위해 스크립트에 자를 대고 읽는 버릇을 들이자.

② 언더라이팅 심사

QA감청이 끝난 고객을 대상으로 하며 고지내용 일체를 사실확인한다. 회사의 인수기준에 부족한 부분은 증명요청하거나 무리가 되는 계약을 가려내는 과정이다.

③ 보완관리

회사가 고객에게 증명해 주길 원하는 서류를 제출하거나 모자랐던 설명을 다시 해서 재심사 받는 과정이다.

④ 최종심사
제출된 자료와 확인된 사실을 토대로 계약승인 결정을 내리는 과정이다.

⑤ 증권발행
보험계약의 성립을 증명하는 문서다.

2) 고객님께 부탁드리겠습니다

상담원은 청약 과정상 고객을 리드해야 한다. 인수기준에 맞춰 필요한 서류를 요구할 수 있어야 하고 기일 내에 처리해야 할 일들이 여럿 있기 때문에 신속하게 고객을 이끌어야 한다. 사실 고객에게 무언가 요구하는 것을 어려워하는 신입들이 많다. 필자도 신입시절 청약 후 필요서류를 달라고 하지 못해 시일에 쫓겨 놓쳐버린 계약이 수두룩했다. 청약 과정상 준비돼야 할 서류를 마련해 달라고 하는 말이 그때는 입도 떼기 어려웠다. 왜냐면 고객님을 귀찮게 하면 청약을 철회할 것이라는 두려움에 사로잡혀 있었기 때문이다. 하지만 시간이 흐르고 셀 수 없이 많은 계약을 잃고 얻은 교훈이 있는데, 그건 고객님들이 생각보다 협조를 잘 해 주신다는 것이다. 담당자의 신원이 확인되고 신뢰감이 쌓이면 '~해 주세요'라는 담당자의 부탁을 잘 들어주신다는 것이다. 두려워 미룰 필요가 없다. 어차피 필요서류가 안 들어오거나 기일 내에 회사에서 원하는 규정을 따르지 않으면 계약은 반송되고 그러면 우리는 고객을 모실 수 없는 것이다. 처음부터 심사결과가 나오면 부서에 정확하게 문의해서 불필요한 서류가 첨부되지 않도록 업무를 숙지하고 과정을 이끌어야 한다. 또한 보완기일에 맞춰 신속하게 고객을 이끌어야 하는데 필요한 서류는 바로 알려드려 준비할 수 있는 시간을 확보해 놓아야 한다. 그리고 고객에게 무언가를 요청드릴 때는 전화상으로만 말씀 드리지 말고 꼭 문자 메시지에 정확한 명칭이나 필요 매수까지 기록해서 보내놓아 두 번 걸음 하시지 않도록 해야 한다. 덧붙여 우리 상담원들은 의학용어나 질병명칭들이 익숙하지만 고객들은 낯설어 하실 수 있으니 되도록 가벼운 어조로 말씀드리되 사전에 전달 방식에 대해 생각을 많이 하고 말씀드려야 한다.

　주의) 보험은 증권이 나오기 전까지 인수됐다고 확정하면 안 된다. 보
　　　완서류준비 단계부터 심사기간이라 서류가 들어와도 인수기준에
　　　부합되지 않으면 계약성립이 안 될 수 있다는 가능성도 알려드
　　　려야 한다.

　너무 어렵게 생각하지 말자. 담당자와 제대로 교감하고 신뢰 받은 사이라면 고객님은 생각보다 우리를 믿고 맡겨주신다. 그렇기 때문에 더 정확하고 성실하게 근무해야 하는 것이다.
　청약에 필요한 일이고 규정에 맞는 일이라면 머뭇대지 말고 합당한 이유를 말씀드린 뒤 정확히 고객에게 요구할 수 있어야 한다. 자꾸 해보면 아무 일도 아니다.

3) 상담원이 할 행동을 미리 이야기한다

.

'제가 앞으로 3분 정도 안내사항에 대해 말씀 드릴 건데 편하게 들으시면 돼요.'

'제가 지금부터 건강상태에 대해 여쭤볼 거니까 답변해 주시면 돼요.'

초행길을 갈 때는 사실 모든 거리가 실제보다 더 길게 느껴진다. 두세 번째 가는 길 그리고 항상 다니는 길은 거리보다 익숙하기 때문에 짧게 느껴진다. 눈을 가리고 길을 걸을 때도 한참을 걸은 것 같지만 생각보다 이동거리가 짧다는 것을 알 수 있다. 그 이유는 우리가 예측할 수 없는 상황에서는 평소보다 불안감이 더해져서 체감시간이 더 길게 느껴진다는 것이다. 더욱이 우리는 고객님께 전화로 설득하고 인정받아야 하기 때문에 첫 번째가 안심이다. 고객님께서 불안하시지 않게 우리의 혜택을 설명해드릴 수 있다면 쉽게 장점을 부각할 수 있다. 그래서 고객님께 우리의 행동을 예측할 수 있도록 하여 불안해하거나 경계하지 않도록 한다.

4) 상담 중 모르는 것을 물어보았을 때

신입 상담원의 경우 교육받은 것 이외의 질문을 받으면 당황하는 경우가 있다. 프로 상담원처럼 보여야 계약으로 갈 수 있는데, 설명은 프로처럼 해놓고 모른다는 이야기하기가 창피해서 잘못 안내를 하는 경우가 간혹 있다. 하지만 굉장히 위험한 행동이다. 모르는 것은 모른다고 이야기하자. 사람들은 솔직한 것을 더 좋아한다. 모르는 것은 죄가 아니지만 잘못된 정보를 고객에게 제공하는 것은 나중에 내가 다 책임져야 할 부분이다.

고객이 모르는 것을 물어보았을 때는 사실대로 이야기한다.

① '업무에 투입된 지 얼마 안 되서 공부가 부족했습니다. 죄송합니다. 관련 부서에 알아보고 바로 전화 드리겠습니다.' 메모를 모니터 화면에 붙여 놓고 당황된 상황에 참고해본다.

② 제가 알고 있던 부분이 최근 변경된 것 같아 확답 드리기 어려우니 바로 알아보고 전화 드리겠다고 한다. 정확한 시간을 고객이 요구한다면 최대한 맞추겠으나 못 맞출 수도 있는 상황에 대해 말해 놓아야 하며 말한 시간은 꼭 지킬 수 있어야 한다.

③ 전화 상담 화면을 보면 무음으로 전환할 수 있는 버튼이 있는데, 음소거로 돌려놓고 담당 실장님이나 선배에게 물어 본 뒤 응대하는 방법이 있다. 전화통화 상태로 옆에 직원과의 사담소리가 고객에게 전해지는 일이 없도록 해야 한다. 옆에서 상담원들끼리의 대화를 고객이 듣고 불쾌한 부분이 있어 담당 상담원이 징계를 받은 적이 있다.

④ 지금 당장 해결해야 할 일이 아니라면 통화 중에 메모를 해놓았다가 선배에게 또는 실장님께서 한가하실 때 몰아서 한꺼번에 여쭤보는 것이 좋다. 나의 시간이 소중한 만큼 선배의 업무시간도 소중하다. 예쁨 받기 위해 사회생활을 할 필요는 없지만 배려를 하면 직장생활이 더 편해진다.

5) 질문할 때는 보기를 제시하자

시험문제도 주관식이 어렵다. 보기 중에 하나 고르는 것이 그나마 낫다. 고객에게도 원하는 답을 물어볼 때 보기를 제시하면 시간도 아끼고 정확한 답을 얻을 수 있다. 3가지가 넘어가지 않은 선에서 선택하게 하자. 보기가 너무 많으면 혼란을 줄 수 있다.

① 직업이 생산직, 사무직, 영업직 어떤 것에 가까우세요?
② 자녀가 한 명이세요? 두 명이세요?
③ 노란색이 좋으세요? 파란색이 좋으세요?

단, 상품설명 중에는 열린 질문(어떤 것? 무엇? 느낌은요? 등)처럼 고객의 답변이 길어질 수 있는 질문을 위주로 한다.

6) 상담기록 남기는 법

① 사실에 입각하여 쓴다
사실이 아닌 것은 쓰지 않는다. 본인의 느낌을 적지 않는다. 육하원칙까지는 바라지도 않는다.
나쁜 예) 말투가 기분 나쁜 것 같았음. 내일 나갈 것 같음. 화가 날 것 같음.
우리가 고객에게 남기는 글, 통화 중 내용 모두 기록되고 있다. 한 번 기록해서 확인을 누르면 수정이 불가하다. 이는 고객보호 장치이기도 하지만 상담원을 보호해 주는 장치이기도 하다. 고객에게 공개되었을 때 부끄러운 일이 없어야 한다.

② 서운한 감정을 오래 갖고 있으면 나만 손해다

상담을 한 시간 이상 했는데 고객이 청약하지 않을 경우 힘이 빠지거나 속상해서 울기도 한다. 가끔 속상해서 자신의 감정을 상담기록에 남기는 직원들이 있는데 이는 나중에 문제가 될 수 있다. 사사로운 감정을 글로 남기지 않아야 한다.

7) 청약서 입력하는 법

만일 첫 계약이 이뤄졌다면 회사에서 준 스크립트를 읽고 전산으로 청약서 입력을 해야 한다. 기본적으로 청약서는 심사하기 위한 기초 자료가 되기 때문에 상담원이 1차적으로 정확히 기재하고 또 상담원 자체가 1차 심사자라는 사실을 잊으면 안 된다. 정확하고 신중하게 기록해야 한다.

① 고객이 말씀해 주신 것은 다 적는다. 누락되는 것이 있으면 안 된다. 모두 적는다.

(누락이 됐을 경우 패널티를 주는 회사가 많으며 고지누락은 계약 성립 불허가 요소이다.)

② 질병 치료력을 물을 때 상담원이 1차 언더라이터임을 잊지 말고 항상

정확히 사실만을 이야기하게 하고 기록해야 하며 치료 사실을 은폐하거나 유도심문을 했을 때 그 책임을 피할 수 없기 때문에 주의한다.

③ 고객이 치료받은 정확한 진단명을 모른다면 대략적인 전문용어를 보기로 제안하고 선택하게 할 수 있어야 한다.

④ 수술을 했을 때 장기까지 제거했는지 그 위의 낭종들만 제거했는지 정확히 물어보아야 한다.

육하원칙에 의거해서 진단명, 치료법, 치료기간, 후유 장애 여부 및 현 상태 이상 유무를 적어야 한다. 오른쪽 어깨인지, 왼쪽 어깨인지, 몇 번째 손가락인지, 정강이인지, 허벅지인지 정확히 물어야 고객도 두세 번 수고로움 없이 청약할 수 있다.

⑤ 고객에게도 그대로 전송되는 것이므로 오타나 문법오류를 검색해보도록 한다.

8) 약관 정리하기

사실 보험사 약관은 전화번호부만 하다. 읽어보려면 마음의 준비를 단단히 해야 하는 것은 사실이다. 하지만 선배도 관리실장님도 내가 하는 업무를 모두 책임져주지 않는다. 고객에게 설명도 내가 하고 책임도 내가 진다. 만일 잘못된 정보를 선배에게 듣고 고객에게 이야기했는데 그 선배가 잘못 알려줘서 잘못 이야기했다고 말할 수 있을까? 그것은 나를 믿어준 고객에 대한 예의도 아니고 또 훌륭한 상담원이 될 자격도 없는 것이다.

다행히도 주말 중에 하루 정도만 해보면 일 년 내내 편할 수 있는 일이다. 지금 당장 약관을 살펴보자. 그리고 판매하는 상품에 대해서 그것이 보험이 됐건 카드가 됐건 제대로 알 필요가 있다. 일단 쭉 한 번 읽어보고 그것을 처음에 10장으로 요점 정리하고 5장으로 정리하고 나중에는 1장으로 요점 정리하는 연습을 해보자.

사실 보험도 다 비슷하기 때문에 한 번 해두면 여러 보험 상품을 이해하기 쉬워진다. 시간이 없다고 귀찮다고 미루기에는 달콤한 급여가 우리를 기다리고 있지 않은가?

04.
6개월
집중 훈련

6개월 집중 훈련기간

콜센터 업무는 한번 익혀 놓으면 운전이나 자전거를 타는 것처럼 잊어버리지 않는다. 모든 산업 중에서 콜센터만큼 표준화되고 같은 모습을 하고 있는 것도 드물 것이다. 세계 어느 콜센터를 보아도 모두 비슷한 모습을 하고 있을 정도로 산업이 규격화·일원화되어 있다.

그래서 콜센터 업무는 잘 배워두면 어느 콜센터를 가든 기존경력을 잘 활용할 수 있다. 제대로 배우면 쓸 곳이 많다는 이야기다. 한번 몸에 익힌 그 힘 그대로 수십 년도 가는 것이다. 그래서 제대로 배워야 하고 좋은 습관을 가져야 한다. 하지만 말처럼 쉬운 일은 아니다. 신입들은 모두 개인의 생활이 있다. 저마다 사회적 책임들도 있어서 해야 할 것들도 많다. 그러나 일을 하기로 마음먹었다면 이제부터 6개월간은 집중해야 한다. 일에 능률이 오르기 전까지는 몰입해야 한다. 만일 좋은 습관을 갖게 됐다면 살아남을 것이고 살아남은 직원들은 넉넉한 급여를 받게 된다. 반대로 좋은 습관을 가지지 못한 직원들은 정착에 실패한다.

그런데 재미있는 것은 정착한 신입직원들과 정착하지 못한 신입직원들의 실력 차이는 종이 한 장 차이라는 점이다. 핵심은 집중할 수 있었는가, 몰입할 수 있었는가이다. 하지만 이 몰입과 집중이라는 것은 지속될 수 없다. 회사에 매일 24시간 집중하고 몰입하면 가정이나 사회에서 외면당할 것이다. 무엇을 위해 일하고 누구를 위해 일하는지 생각해보자. 모든 세상의 인연을 끊고 콜 공부에만 열성을 쏟을 수도 없는 일이다. 또한 이것은 평생 가능하지도 않다. 다만 6개월간 좋은 습관이 몸에 배어서 콜센터 업무가 익숙해질 수 있는 그 순간까지만 몰입하고 집중하라는 것이다. 책에서는 1~6개월간 겪을 수 있는 어려움과 습득해야 하는 과목들을 정해서 입사 개월에 맞게 체득할 수 있도록 해놨는데 따라온다면 연봉 1억 이상도 될 수 있고 또 1억이 안되더라도 다른 상담원보다는 훨씬 체계를 갖춘 직원으로 성장할 수 있다. 성인이 몰입할 수 있는 시간은 정해져 있다. 집중해서 6개월을 보내면 그 이후 시간이 편해진다.

비행기가 이륙할 때 지상에서 하늘로 뜨는 그 순간 동력의 절반 이상을 쓴다고 한다. 신입들도 6개월간은 내가 가진 모든 에너지 그리고 젖 먹던 힘까지 짜내어보자. 해보지 않던 일을 겪어내는 지금이 조금 힘들겠지만 6개월간의 대장정을 잘 따라와 준다면 순간처럼 느껴질 것이다. 겁먹지 말고 미루지 말고 나를 업무 속에 6개월간 던져보자!

	키워드	모스콜반[7]	과목	
1개월	센터 적응/반론	중하하중	생활	① 근태 ② 매너 ③ 사람 ④ 목표 ⑤ 마무리
			업무	① 집중 ② 준비물 ③ 연상훈련법 ④ 첫계약 연연 마라 ⑤ 칭찬에 강해지자 ⑥ 반론암기 ⑦ 집중콜 ⑧ 연봉 나누기
2개월	도입	상상중상	① 도입거절 ② 도입뚫기 ③ 경험쌓기 ④ 나와 너	
3개월	클로징	상상상상	① 클로징 ② 어려운 이유 ③ 잘하는 법	
4개월	시스템화	① 나만의 시간표 ② To do 리스트		
5개월	효율	① 고객관리 ② 업세일링과 크로스셀링		
6개월	DB	① DB에 대해서 ② 소중하게		

1) 입사 1개월 차, 모든 것이 생소한 신입생 그대!

콜센터라는 곳은 일반 사무직장이라기엔 뭔가 다르고 환경이 낯설 것이다. 처음부터 좋을 수도 있고 처음부터 불편할 수도 있다. 하지만 지금 수

---

7) 모스콜반 습관이 익숙해질 수 있는 3개월까지 그 집중 강도를 상, 중, 하로 표현했습니다.
1개월에 '중하하중' 이라고 쓰여 있으면 모니터링 : 집중도 '중' , 스크립트작성 : 집중도 '하' , 콜타임 : 집중도 '하' , 반론외우기 : 집중도 '중' 으로 이해하고 에너지를 분산해서 집중하는것이 좋습니다.

십 년의 경력을 가진 고참들도 모두 좋고 행복해서 처음에 시작하고 경력이 쌓이게 된 것은 아니다. 그들의 성공은 매일 수련하고 또 간절한 마음으로 업무에 임했기에 얻어진 결과물들이다. 처음 도전하는 콜센터 업무가 어려워만 보이는가? 또 아침에 출근을 계속해야 하나? 고민도 할 것이다. 하지만 이런 고민은 당연한 것으로 힘들고 숙련된 만큼 넉넉한 급여로 보상 받게 되니 하루하루 최선을 다해서 도전하자.

도전 첫 달이 되는 1개월 차는 아직 어떤 성과를 내기에 이른 달이다. 먼저 센터 적응이 우선이기 때문에 업무만큼이나 생활 부분도 책을 보고 참고할 수 있도록 해놓았다. 낯선 부분이 있겠지만 콜센터도 기본적으로 직장이다. 직장인의 상식선에서 할 수 있는 가장 기본적인 부분부터 잘하면 된다. 잘 출근하고 주어진 시간에 열심히 일한 뒤 능력 개발을 위해 고민하는 것, 그 전에 1개월 차 때는 적응이 먼저다. 먼 길을 떠나기 위해 신발 끈을 조여 매는 것처럼 센터 적응이 먼저다.

간혹 개인 부스 자리에 앉아 콜을 하려면 심장이 뛰고 머리가 아프며 복통까지 호소하는 신입들도 있다. 이들의 원인을 의학적으로 찾지 못했지만 계속된다면 과감하게 정리하는 것이 좋다. 센터 적응이 되고 아픈 곳도 특별히 없다면 그다음은 무조건 반론을 완벽하게 내 것으로 만들어야 한다. 반사 신경처럼 건드리면 튀어나오게 외워야 한다. (반론의 중요성 참고)

또 상품 공부를 죽도록 하다 근무에 흥미를 얻기도 전에 질리곤 하는데 첫 달은 일단 말할 수 있는 상태가 될 수 있도록 하는 것이 중요하다. 반론은 족집게 족보! 무조건 외우고 또 외우자. 스크립트를 보고 하면 되겠지 하겠지만 온 신경을 집중해야 하는데 해당 반론을 찾아서 종이를 넘길 여유는 없다. 반론은 본능적으로 나올 수 있도록 외우자.

(1) 생활 부문

① 근태

초등학생으로 말하자면 우리는 이제 입학한 신입생이다.

<그림 7> 우리들은 1학년

신입생은 학교에 취미를 붙이고 친구들 사귀며 등교를 잘하는 것이 할 일이다. 근태는 세계 어느 직장의 기본 필수 요소이다. 어디를 가든 신입의 출근은 조금 일찍 하는 것이 좋다. 일찍 출근해서 혼자 공부를 해도 좋지만 스터디 그룹을 짜서 여럿이서 함께 공부하는 것이 정보공유도 할 수 있고 힘들 때 서로 잡아주는 역할도 할 수 있어 유리하다. 하지만 입사 1개월까지는 퇴근은 정시에 해서 체력을 보강하는 것이 좋다. 갓 학교에 입학한 신입생들이 배우는 것이라고는 친구들과 잘 지내는 법 또 등하교 시간을 잘 지키기나 복도에서 조용히 오른쪽으로 걷는 법처럼 학교생활에 필요한 기본적인 것부터 나와 있다. 지금 학교에 갓 들어온 것이나 마찬가지이므로 전교 1등의 꿈은 크게 가지되 무리는 하지 않도록 한다. 오래 갈 길일수록 신발 끈을 단단히 맨다고 했다. 막 1개월 된 우리는 지금 달리기 스타트라인에 서있다고 보면 된다.

② 매너, 내 편을 만드는 마법의 주문
- 매너 없는 사람은 어디에도 환영 받지 못한다.
- 잠수함에서 근무한다고 보면 된다. 탈출하면 바다. 바로 그만두지 않을 것이라면 최대한 상대방을 배려하고 행동을 조심하자.
- 호감까지는 바라지도 마라. 최소한 미움은 받지 않게 해야 한다.

- 좁은 곳에서 감정소모를 하다 보니 상담원들이 예민한 것이 사실이다. 서로 배려하고 조심해야 한다.

콜센터뿐만 아니라 어떤 일을 하게 되든 같이 일하는 동료들과의 화합은 아무리 강조해도 과함이 없을 것이다. 더구나 신입직원은 동료직원들 인기순위에서 1위를 할 필요는 없지만 아무래도 부탁하고 조언 들어야 할 부분이 많은데 호감까지 못 줄지언정 최소한의 매너는 지켜야 정착이 쉬울 것이다. 나를 응원해줄 사람이 많다면 콜센터뿐만 아니라 어디를 가도 성공하기 쉬워진다. 당연한 성공 공식이다.

또한 기본적인 교육커리큘럼뿐 아니라 선배들에게 구전으로 들어야 할 부분들도 많기 때문에 신입은 무조건 배려하고 한 번 더 생각해야 한다. 호감 가는 신입에게 떡이 하나라도 더 오는 것이 사회이다.

콜센터는 직원 간의 거리가 채 1m도 안 되는 곳이 많고 하루의 대부분을 같은 공간에서 근무하기 때문에 불편한 사이의 직원이 생기면 내가 힘들고, 내가 힘들면 업무리듬에도 영향을 줘서 급여에도 영향을 받는다.

오래 근무하고 고업적 직원일수록 직원들과의 유대도 좋은 경우가 많다. 더구나 콜센터의 특성상 구전으로 전해져야 할 부분이라든지 선배의 도움으로 성장할 가능성 또한 많은 것이 사실이다. 선배가 되어서도 큰 꿈을 꾸고 오래 근무하기 위해서는 상호간의 매너를 지키는 것이 제일 중요하다.

- 청결: 좁은 장소에서 서로 가까이 일하다 보니 청결한 신체와 깔끔한 복장은 나에 대한 호감을 올려준다.
- 또깍녀: 독서실에 가면 다른 사람들의 책장 넘기는 소리나 침 삼키는

소리 또한 불편할 때가 있다. 감정소모하는 사람들이기 때문에 심적으로 지쳐 있는 경우가 많아서 일반사무실보다는 이동할 때 구두 소리나 슬리퍼 뒷굽을 끄는 소리도 조심하는 것이 좋다.

- 걸음걸이: 근무하는 환경이 좁을 경우 통로를 지나서 화장실을 가거나 이동해야 하는 경우가 있는데 이럴 때는 의자를 치거나 휴지통을 건드리는 일 없이 조심하며 걸어야 한다. 영화관에서 영화를 보는데 뒤에서 의자 건드리면 감사하다고 인사하는 사람 없는 것처럼 같은 이치로 이해하면 편하겠다.

- 말조심: 화장실에서나 사무실에서 선배들끼리 하는 이야기를 듣고 쉽게 옮기지 않아야 한다. 또한 선배들에게 조언을 듣는 고객관련 응대상담 또한 사무실 외에서는 절대 하지 않는다. 말을 해서 돈 버는 사람들은 항상 말조심을 해야 한다. 입이 가벼운 사람은 어느 조직에서든 살아남지 못하고 문제가 되면 응분의 책임을 져야 하기 때문이다.

- 인사: 선배들에게는 웃는 얼굴로 밝게 인사한다. 신입은 언제 어느 때에 도움이 필요할지 모른다. 당장 안면을 트지 않은 선배라도 쑥스러움을 날려버리고 먼저 인사하고 다가가자.

- 적자생존: 적자생존(適者生存)도 맞지만 메모하는 적는 사람이 성공한다. 선배가 가르쳐 주시면 메모지와 볼펜은 들고 적는 시늉이라도 하자.

- 보은: 도움 받은 선배에게 작은 음료수라도 전해드리자. 받아서 좋은 것이 아니라 그 마음이 고마운 것이다. 더 큰 걸 해 주고 싶은 것

이 선배의 마음이다.

- 진한 향수: 향수라는 것은 보통 개인의 취향이 반영되기 마련이다. 옆 직원과의 거리가 불과 1m도 채 되지 않는 상황에서 진한 향수를 뿌리면 옆 직원이 부담스럽게 느낄 수 있다. 본인의 취향과 거리가 먼 진한 향수를 맡으면 악취나 향수나 비슷하게 느껴진다.

③ 사람

- 롤모델 찾기

의도적으로 친해지라는 소리가 아니라 가까이 지내고 싶은 선배와 자주 교류하며 근무 중 문의사항을 해소할 수 있도록 해야 한다. 나를 응원하는 사람이 많을수록, 나를 도와주려는 손길이 많아질수록 정착률은 더 높아진다.

- 친구 찾기

보통 신입교육을 받으면 많게는 10명, 20명 최대 100명의 동기가 생기곤 한다.

'동기사랑 나라사랑'이라는 말이 있을 정도로 처음이라는 출발선에 서있고 같은 어려움과 고통을 느끼는 동기는 회사에서 처음 만난 사이라고 하더라도 어느 관계보다 유대관계가 깊어지게 된다. 동기 따라 회사를 옮기는 신입직원들도 많이 보았는데 이들에게 서로의 존재는 마치 20년을 함께한 막역지우처럼 한 마음 한 몸이 되곤 한다.

하지만 우리는 어릴 적부터 엄마의 조언을 귀담아 들을 필요가 있다.

'공부 잘하는 친구랑 어울려야 네 공부에 도움이 된단다.'

나와 같은 눈높이로 허심탄회하게 고민을 상의할 수 있는 동기는 뜨거운 여름날 높은 고개를 넘다 시원한 바람을 만나고 아이스크림을 먹는 것 같은 반가움을 줄 것이다.

하지만 같은 눈높이에서는 같은 해결책밖에는 안 나온다. 현재 신입인 우리가 해야 할 것은 나를 이끌어줄 선배이다.

자리에 배정 받아보면 (보통은 신입사원을 잘 돌봐줄 수 있는 쪽으로 배정을 해 주지만) 나를 돌봐 줄 수 있는 선배를 염두에 두고 친해져야 한다. 전략적으로 친해지라는 말은 아니고 인간적인 끌림이 있는 선배에게 인사 잘하고 잘 웃자. 전화로 하는 영업이라고 해서 꼭 전화를 시작하면서부터 영업이 아니고 나를 도와줄 수 있는 선배와 친해지는 것도 영업의 시작이다. 자리에도 자주 찾아가 어떻게 업무를 진행하시는지 여쭤보기도 하고 업무하시는 모습을 잘 보아야 한다(자리배치, 서류관리 등).

너무 본인 일만하는 고업적자는 오히려 나를 돌봐줄 시간이 없으므로 멀지 않은 자리의 인성이 좋은 선배를 선택하여 업무 숙련기에 잘 배워야 할 것이다.

실장님보다는 가까이 있고 동기보다 아는 것이 많은 선배를 우리는 꼭 내 편으로 만들어 나의 성장에 꼭 도움을 받아야 한다. 배정 받은 실에서 내 편을 만들면서 벌써 영업은 시작되었다. 긍정적인 사람을 곁에 두자.

우리가 하는 일은 사람에게서 받는 스트레스가 많은 직업이다.

전화 속에서만 고객을 만나는 것이 아니라 우리는 사무실에서도 사람을 만나게 되는데 태초부터 부정적인 영향은 빨리 전파되고 그 파급효과도 컸었다. 옆에 동료가 우울해하고 기분 나쁜 이야기를 하거나 안 좋은 영향을 주면 신입들은 고스란히 그 영향을 다 받게 되어 있다.

신입이라고 하더라도 사람 보는 눈은 필요하다. 메인 음식이 맛있는 음식점은 사이드반찬도 맛있는 법이다. 늘 주변에 웃음꽃이 피고 우수한 사람들을 곁에 두도록 해야 한다. 그렇지 않은 직원들을 멀리하라는 것이 아니라 밝은 기운 옆에는 늘 밝은 기운만이 존재하기 때문이다. 경비원, 청소 아주머니까지도 나에게 좋은 기운을 줄 수 있도록 늘 밝게 인사하고 잘 대해드려야 한다. 작지만 좋은 기운이 모여 나의 성공에 밑거름이 된다.

④ 실장님과 상담해서 계획 세우기

관리실장님과 상담을 통해서 원하는 목표를 정해본다.

현재 본인이 처한 상황을 이야기해서 서로 신뢰하며 이야기를 많이 나누는 것이 중요하다. 회사에서는 실장님이 엄마다. 바른 길로 갈 수 있게 때로는 싫은 소리도 할 수 있는 자리지만 기본적으로 내가 잘되기를 바라시는 분이시다(나의 잘됨이 실장님의 보람이 될 수 있다). 내가 위험에 처한 것도 막아주실 수 있고 나를 도와주실 수 있는 분이기 때문에 솔직한 본모습을 보여드리고 대화를 많이 해서 정착할 수 있는 소스를 많이 받도록 하자.

⑤ 마무리를 잘하자

보통 콜센터의 입사와 퇴사는 자주 있는 일이다. 왜냐하면 워낙 고된 일이기도 하고 정착하기가 사실 쉽지 않은 일이기 때문이다. 계속 정착하고자 하는 교육만 받는데 사실 잘 마무리하는 교육도 필요하다. 신입교육 때 심리·신체적 압박감을 이기지 못해서 멀쩡히 출근하고 오전에는 열심히 일하다가 점심을 먹고 당일 퇴사하는 직원들도 있다. 귀엽게 아침까지 웃던 막내가 점심을 먹고 오니 바람과 함께 사라진 것이다. 사실 워낙 콜센터는 많은 사람이 작은 사무실 안에 집약적으로 근무하기 때문에 별의 별일이 다 있다. 그래서 오랜 경력의 선배들은 어지간한 일에는 눈도 꿈쩍안 한다. 하지만 경력이 오래 되도 제일 힘든 것은 사람과의 이별이다.

더구나 진심으로 신입이 잘되기 위해 열심히 물심양면 노력했던 선배는 그 상처가 더 크다.

또 당사자 본인도 뒷마무리를 잘하고 나가지 않으면 새 일을 시작할 때 산뜻하지 않은 기분이 될 테고 또 콜센터에 근무하는 한두 번은 보통 마주치게 되어 있다. 그리고 어디서 무엇하더라 하는 '카더라통신'으로 이동 경로가 모두에게 실시간으로 전달된다는 점이다. 모든 인간관계, 세상살이가 다 그렇지만 끝을 잘 마무리하는 것이 중요하다.

우리가 도전했던 일이 잘 안 맞을 수도 있다. 별일도 아니다. 적성이 아닐 수도 있고 세상 모든 사람이 전화영업이 다 잘 맞아야 하는 것은 아니다. 업무가 제대로 맞지 않았다고 생각한다면 더 큰 도약을 위해 그만둘 수도 있는 것이다. 강제로 잡아다가 노역시키는 것도 아니고 회사를 그만두었다고 죄인도 아니다. 서로의 성장을 위해서 아름다운 이별을 할 수 있는 것이다.

그만두기 전 검토 해볼것!
① 자신에게 물어본다(진짜 마지막 힘까지 쥐어짰다고 생각하나, 더 잘할 수 있는 일이 있는가).
② 마지막으로 또 자신에게 물어본다.

③ 그만두고 대안이 있는지 찾아본다.

④ 확신이 서면 일단 실장님과의 면담을 요청한다(이 과정에서 해결되기도 하고 문제점을 찾기도 한다. 실장님이 어려우면 주변선배에게 도움을 청해본다. 동기보다는 낫다).

⑤ 그만두고 싶은 시점 최소 3주 전에는 이야기해 주자. 짧은 정에 대한 예의다.

⑥ 미처리 건이나 중요 건들은 미리 상부에 보고한다.

⑦ 그동안 청약해 주셨던 고객님들께 인사들 드리고 다음 담당자가 잘 관리해줄 것을 인지시켜 불안하지 않도록 한다.

⑧ 책상정리(신용정보이용법 준수)

⑨ 신문 값, 우유 값, 녹즙 값, 요구르트 값 등 결제할 것은 미리 해놓는다.

⑩ 주위 직원들이 동요하지 않도록 조용히 진행한다.

(2) 업무적 부분

① 집중

먼저 묻고 싶다.

현재 일에 집중할 마음의 준비, 물리적인 준비가 되어 있는가? 일을 몰입하기 위해서는 마음도 주변여건도 따라줘야 한다. 살다 보면 더하는 것보단 빼는 것이 더 어려운 것 같다. 다이어트도 글도 일도 말이다. 춤을 추는 댄서도 처음에 연습할 때는 선이 복잡하고 거칠기 마련이지만 여러 번의 반복된 연습을 통해 간결하고 아름다운 선을 만들어낸다.

〈그림 8〉 건드리지 마시오

이런 공식은 일하는 것뿐만 아니라 세상사에 모두

적용된다. 필자가 6개월에 천만 원의 급여를 받은 것은 특별할 수도 특별하지 않을 수도 있다. 글을 읽는 우리 신입들도 그러지 못하리라는 법은 없다. 오히려 더 빨리 될 수도 있다.

문제는 오직 집중하는 것이다.

일에 들어가기 전 장벽이 될 수 있는 문제점들을 빨리 찾아서 정리해 나가는 작업이 필요하다. 다행히 필자는 핸드폰만 6개월 정지시키고 인간관계를 잠깐 끊고 일에 집중하니 목표에 도달할 수 있었다. 지인들에게 매정하다는 소리도 듣고 또 멀어진 친구들도 생겼었지만 세웠던 목표가 달성되자 모두 크게 축하해 주었다. 신입시절 필자는 제일 먼저 출근해서 오후 6시까지 치열하게 상담을 하고 자정까지 콜 모니터링과 스크립트 작성에 몰두해서 막차를 놓치고 찜질방에서 잠을 자는 일도 잦았다. 시계를 보고 12시에 나가려 하는 것이 아니라 집중해서 일하다 시계를 보면 '아이쿠 12시구나'가 되는 식이다.

누구는 돌봐야 하는 아기도 있고 해결해야 할 여러 가지를 안고 계신 분들이 많을 것이다. 우리는 늘 지겹도록 듣는 말이 있다. '세상에 공짜는 없다'는 바로 그 말이다. 목표를 달성하기 위해 지금부터는 모든 일에 우선순위를 둬야 하는 것이다.

그리고 조금은 이기적이 될 필요가 있다. 더 나은 미래를 위해 아이들에게 엄마가 왜 늦어야 하는지 아빠가 주말에 왜 놀러 갈 수 없는지 설명해 줘야 한다.

주변에 현재 집중할 일이 있으니 기간을 정해서 '그 기간 동안은 나를 좀 가만 두시오'라고 도움을 구해야 한다.

② 준비물

아니 학교도 아니고 준비물을 준비하라니?

좀 더 효율적으로 근무하고 싶다면 세 가지는 꼭 있어야 한다.

〈그림 9〉 효율적 근무를 위한 3가지 준비물: 거울, 모래시계, 30cm 자

– 거울

콜센터에서 거울은 필수다. 모니터를 보고 일하는 것보다 거울에 비친 본인 얼굴을 보면서 일하는 직원이 감정조절에 수월하기 때문이다. 감정이 극한으로 다다랐을 때 내 얼굴을 보면 '이러면 안 되지'라는 생각이 들기도 한다. 누구도 자신의 화난 모습을 좋아하는 사람은 없기 때문이다. 또 거울을 보고 상담을 하면 수화기 너머 고객을 상상하게 되고 자신의 얼굴이지만 실제 얼굴을 보고 대화하는 느낌이 든다. 이렇게 되면 상담이 좀 더 생동감 있게 되어서 고객과의 교감이 수월해진다. 거울 사이즈는 클 필요도 없고 손바닥 정도의 크기부터 내 얼굴 정도의 크기까지 본인 취향대로 고르면 된다.

거울이 있고 없고 차이는 분명히 존재한다.

소크라테스는 '너 자신을 알라'라고 했다. 지금 수화기 너머 목소리가 들려오는 고객님도 우리와 크게 다르지 않다. 사람은 누구나 실수할 수 있고 나 또한 다른 곳에서 상담원에게 속상함을 토로한 적이 있지 않은가?

얼굴을 보는 거울도 준비해야 하지만 고객을 응대하면서 서운함이 있거나 속상한 일이 있더라도 나또한 그들과 다르지 않음을 생각하며 내면도 비춰 볼 수 있는 마음의 거울도 준비해보자.

- 모래시계

보통 회사 시스템 내에서 하루 동안 일한 시간이나 상담 중인 시간이 통계로 나오지만 상담에 집중하게 되면 잘 볼 수 없다. 사실 시간 관리는 우리가 항상 신경 써야 할 부분이다. 근무시간 내에 영업효율을 내려면 시간 안배를 잘하고 불필요한 상담시간을 줄이는 것이 중요하다. 고객과 상담이 시작되면 5분짜리 모래시계를 돌려놓고 시작해보자. 업무시간 내에 생산성을 올리려면 한 가지 주제로 너무 오래 이야기하는 것을 경계해야 한다. 모래시계가 한 바퀴 돌 때마다 간접 클로징을 하거나 주위환기를 시켜서 상담의 균형을 잡는다. 고참 선배들은 자연스럽게 할 수 있는 일이지만 신입들은 어려움을 느끼게 되는데 불필요한 언쟁이나 사담을 합리적으로 관리하는데 유용하다. 콜센터는 한 명의 고객이라도 더 만날수록 소득이 올라갈 확률이 높아진다. 그래서 상담시간을 관리하는 습관이 필요한데 이때 모래시계를 사용하면 능률을 올리는 데 도움을 받을 수 있다.

- 30cm 자

청약을 완료하는 절차는 우리 회사의 녹취 스크립트를 읽는 일이다. 보통 2장 이상 되는 빼곡한 글씨들이므로 낭독 중에 고객이 질문을 하거나 돌발 상황이 생기면 당황해서 읽던 곳을 읽어버리는 경우도 있다. 자를 대고 읽어 내려가면 그만큼 실수가 적다. 내용을 이미 다 외워버린 선배들도 실수를 줄이기 위해 자를 대고 읽곤 한다.

- 상품별 설명서, 반론집, 스크립트 준비와 위치파악

신입들은 고객에게 청약 권유를 계속하지만 막상 고객이 청약의사를 밝히면 당황하게 된다. 고객이 청약체결 의사를 비치면 우리는 그에 맞는 스크립트를 읽어 청약을 진행한다. 그때 스크립트를 찾다가 허둥대면 그사이 고객께서 불안해하시기 때문에 순간이지만 변심으로 계약이 파기되는 경우도 있다. 그래서 상품설명이 담긴 요약본이나 상품브로슈어를 책상에서 가장 찾기 편한 위치에 준비해둔다. 상품별로 견출지를 붙여 표시해두거나 큰 글씨로 한눈에 볼 수 있게 해놓는다. 이는 상담 중에 이야기하던 상품 말고 다른 상품의 안내를 해야 할 경우에도 유용하다.

〈그림 10〉 나만의 반론집

이 세 가지는 보기 편한 곳에 두도록 한다.

- 스크립트 – 상품설명을 진행해야 하는 스크립트는 모니터와 가장 가까운 곳에 위치해두며 눈으로 보기 좋게 단락으로 넘어가는 곳을 표시해두면 좋다.
- 반론집 – 상품 거절의 이유가 담겨있는 반론집은 손과 한 몸이 되어야 한다. 거절에도 종류가 많다 보니 항목별로 보기 좋게 만들어 두면 좋다.

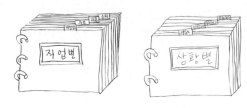

〈그림 11〉 나만의 반론집

• 녹취 스크립트 – 파티에 갈 옷이 준비되어 있어야 초대되었을 때 갈 수
있다. 계약을 하겠다고 하는데 녹취 스크립트를 찾다
가 고객을 놓치는 경우가 있으므로 모든 상품의 스크
립트는 잘 보이는 곳에 준비되어 있어야 한다.

③ 연상훈련법

올림픽 메달리스트 역도의 장미란 선
수는 실전 훈련을 하지 않을 때 마음으로
연습한다고 한다. 상상만으로 역도를 드
는 것인데(2006.01.15~2006.02.19 방영
KBS 다큐멘터리 '마음' 중) 운동 과정을
세밀하게 떠올리며 자리에 서는 것부터 손
과 발의 위치까지 머릿속에서 그림을 그려
내는 것이다. 그리고 훈련도중에 어려움을

〈그림 12〉 책상

느끼는 부분을 반복하면 이 부분을 극복하는 데 효과적이었다고 했다. 육
체적 훈련의 효과도 중요하지만 마음의 훈련 효과 또한 대단해서 다른 운
동선수들도 마음을 다스리고 경기능력 향상을 위해 연상훈련법을 시행하
고 있다. 이것은 우리가 하는 업무에도 접목시킬 수 있다.

* 연상훈련법

1. 먼저 눈을 감고 숨을 고른다.
2. 상담화면을 연상한다.
3. 고객을 찾아 전화 걸기 버튼을 누른다.
4. 수화음이 들린 뒤 고객이 전화를 받는다.
5. 청약 순환표 시행
6. 상담 도중 막히는 부분이 있다면 그 부분을 집중적으로 연상한다.

예를 들어 고객에게 납입방법을 물어보는 것이 어렵다면 그 부분을 계속 물어보고 긍정적인 답변을 연상한다. 도입이 힘들면 도입 부분의 흐름이 자연스러운 연상을 해본다. 문제가 됐던 부분에 기분 좋은 연상을 하면 실제 상담할 때 능력이 향상되는 것을 발견할 수 있다. 출퇴근 시간 5분이면 충분히 할 수 있다. 중요한 것은 세심하게 연상하고 긍정적인 답변을 받는 것에 중점을 두는 것이다. 꾸준히 시행하면 실력 향상에 많은 도움이 된다.

④ 첫 계약에 연연하지 마라

아기들을 보면 빨리 걷는 아기도 있고 느리게 걷는 아기도 있다. 대부분 수천 번 넘어지는 연습을 하면서 서고 걷고 뛰게 되는 것인데 아무리 느린 아기라도 우리 모두 언젠가 저 아이가 걷게된다는 것을 알고 있다.

우리 신입들 중 간혹 동기들은 첫 계약이 나오고 본인은 안 나오면 세상의 모든 짐을 다 짊어진 듯한 이들이 있다. 하지만 우리가 하는 업무는 위축될수록 오히려 더 안 되고 엉키는 법이다. 담대해질 필요가 있는데 그동안 수많은 계약들이 나왔고 사실 내 옆에서도 계속 계약은 나오는 점을 생각해본다. 그냥 내 차례가 안 온 것뿐이다. 조금 더 하면 되는 것이다.

10년 된 선배도 운대가 안 맞으면 일주일을 가동 없이 출퇴근하는 것을 본 적이 있다.

중요한 건 내가 노력하고 있다면 초조할 필요가 없다는 것이다.

노력하지 않았다면 그건 문제가 될 수 있겠지만 모니터링·스크립트·콜타임·반론 모두 다 갖춰졌는데도 안 나온다면 내가 자만하지 않게 기다리는 시기를 준 것이라고 생각하자. 위축될 시간에 스크립트를 한 번이라도 더 다듬고 모니터링을 하자. 그리고 '이렇게까지 했는데도 어찌 안 나옵니까?'라고 자신 있게 말할 수 있을 때까지 날카로운 콜을 해야 한다. 그리고 첫 계약은 대부분 해약되거나 철회되는 경우가 많은데 바로 설익은 상담 때문이다. 어설프게 계약해서 나중에 고객불만으로 이어지는 것보다는 천천히 가는 것이 좋다. 너무 급하게 갈 필요도 없고 계약이 나왔다고 우쭐될 필요도 없다. 보험회사에서 일 년간의 성적은 본인의 실력이 아니라는 이야기도 있다. 실력을 높이고 그 높인 실력이 꾸준하게 지속되어야 좋은 것이고 그렇게 하기 위해 많은 노력을 들이는 것이므로 앞서간다고 뒤쳐진다고 초조할 필요가 없다. 우리는 생각보다 오래 걸어야 한다. 설익은 계약보다는 오늘 장콜[8]을 많이 만드는 것이 내 월급에 더 도움이 되니 한 발 한 발 시작해보자.

⑤ 칭찬에 강해지자

칭찬은 고래도 춤추게 한다고 하지만 신입은 들리는 칭찬도 흘려들을 줄도 알아야 한다. 신입은 보통 계약이 나오면 주변에서 축하도 받고 들뜨

---

8) 전화로 5-10분 이상의 상담

기 쉬워진다. 이렇게 되면 더 노력해야 하는데도 중간에서 성장을 멈추곤 한다. 예전부터 귀한 자식은 이름도 개똥이로 부르면서 귀하게 대하지 않았는데 특권의식 있는 자녀로 자라는 것을 원치 않았던 선조들의 지혜가 아닌가 싶다.

또 한편으로 칭찬을 과하게 받은 신입은 나중에 계약이 나오지 않았을 때 깊은 상실감을 받기도 한다(사실 계약이 나오는 것이 신기한 일인데도 말이다). 또 신입의 계약은 방금 성사된 계약도 취소요청이 들어올 수도 있다. 최대한 흥분하지 말고 가만히 있는 것이 좋다. 계약이 나오나 안 나오나 평정심을 유지해야 한다. 계약이 잘 나오면 잘 나오는 기운으로 더 집중해야 한다. 계약이 나오면 마음이 놓여 화장실도 가고 어떤 직원들은 담배를 피우거나, 또 어떤 직원은 방금했던 계약의 무용담을 늘어놓기 좋아한다. 그러나 계약이 나오면 그 기운을 받아서 집중콜 시간에는 몰입하는 것이 좋다. 방금 끝낸 계약이 좋았다면 다음 콜에도 그 기운은 이어진다. 계약이 나오는 날은 나오는 대로 나오지 않는 날은 나오지 않는 날대로 집중콜 시간에 이석하지 않고 몰입하는 것이 중요하다.

⑥ 1개월 차에서는 상품공부보다는 반론암기가 더 유리하다

고객들 대부분 처음 듣는 상품내용에 어려워하는데 실제 처음 회사에 들어온 신입들도 상품공부를 하다가 어려움을 느껴서 다음 진도도 못나가고 좋은 상담원이 될 수 있는 자질이 있는데도 불구하고 포기하는 경우가 있다.

상품을 전혀 모르면 고객에게 좋은 안내를 할 수 없지만 기초적인 상품 이해 후 반론을 완벽하게 숙지하고 상담에 임한다면 큰 문제는 없다. 아직

서지도 못하는 아기에게 달리기를 바라면 안 되는 것처럼 1개월 차는 먼저 외우고 경험을 쌓아가며 심화학습을 시작하는 것이 좋다. 눈앞에 책을 쌓아두고 언제 공부하나 겁먹기 보다는 반론을 암기하고 고객과 직접 부딪혀 가며 상담을 하다 필요에 의해 익힌 지식이 더 오래가고 빨리 학습된다.

⑦ 집중콜 시간이 있는 이유

농사는 계절마다 해야 하는 일이 정해져 있다. 봄에는 씨를 뿌리고 여름에는 농작물을 키우고, 가을에는 수확을 하며, 겨울에는 추위를 견디고 다시 봄을 기다리는 것처럼 말이다. 만일 봄에 씨를 뿌려야 하는데 겨울처럼 할 일이 없다고 놀기만 하면 농부의 가을에는 수확물이 없을 것이다.

우리 업무는 오랜 시간 일하고 많은 사람에게 상품 판매를 시도한 상담원의 급여가 더 높기 때문에 체력과 시간을 효율적으로 관리해야 한다. 영업목적이나 급여 체계에 따라 조금 다를 수 있지만 보통 근무시간을 2, 3등분하여 근무 집중도를 높이는 교시제를 시행하고 있다. 그 이유는 첫 번째, 짧은 시간 안에 여러 명의 고객을 응대해야 하는데 긴장한 채로 오랜 시간 근무할 수 없기 때문에 정신적, 신체적 휴식을 주고자 함이다. 특히 열정적으로 고객에게 상품설명을 하다 보면 체력적 소모가 많아져 수분이나 에너지원을 그때그때 섭취해 주지 않으면 건강한 상담을 오래 할 수 없다. 쉬는 시간을 이용해 적정한 수분섭취와 영양공급을 한다.

두 번째, 집중해서 상담하기를 하루 종일 한다면 그는 아마 3일을 넘기지 못하고 탈진할 것이다. 모두 한계시간이 정해져 있기 때문에 주어진 시간 안에 최대의 효율을 내야 한다.

세 번째, 상담센터가 대부분 인구밀집지역으로 좁은 공간에 많은 인원이 근무해서 고객과의 상담으로 몰입하는 상담원 옆에서 이동이 잦거나 큰 소리로 이야기한다면 상담에 방해가 된다. 단체가 활동하는 시간을 일치시켜 소음이나 주위 산만함을 경계하고자 함이다.

네 번째, 내성적인 상담원들은 본인의 상담 목소리를 주위사람이 들으면 쑥스러워 자연스러운 상담을 하지 못한다. 이때 같이 웅성웅성한 소리를 내며 함께 일하면 뜨거운 분위기 속에서 상승효과를 낼 수 있다. 상담센터의 특성상 또 근무할 수 있는 시간이 정해져 있어 주어진 시간에 업무 효율을 내려면 업무시간에 필요하지 않은 물 떠오기, 담배 피우기, 옆 사람과의 잡담 같은 불필요한 행동은 자제하고 주어진 시간에는 일만 하는 것이 생산적이다. 업무 흐름이 깨지면 다시 몰입하는데 시간이 많이 걸린다. 그렇기 때문에 업무가 시작되기 전에 불필요한 이동을 최대한 줄이고 업무외의 일은 점심시간이나 휴식시간을 이용하자.

〈근무시간표〉
※하는 업무, 급여에 따라 출퇴근 및 근무시간 차이가 있다.

출근	09:20
조회	09:30~09:50
1교시	10:00~12:00
점심시간	12:00~13:30
2교시	13:30~15:30
간식시간	15:30~16:00
3교시	16:00~18:00

⑧ 연봉-월급-주급-일당-시급-분-초

연봉을 월급으로 월급을 주급으로 주급을 일당으로 일당을 시급으로 시급을 분으로 초로 나눠보자. 방금 화장실 다녀오느라 사용한 5분이 무려 4천 원의 가치였다는 것을 알고 움직임에 신중할 것이다. 우리 신입들도 목표하는 급여로 시간을 계산해보자. 일분일초가 소중할 것이다.

〈연봉 1억을 나눠보자 : 1년-12개월/한달-20일/하루-8시간 근무기준〉

연봉
1억 2천
→
월급
1,000만 원
→
주급
250만 원

→
일당
500,000원
→
시급
62,500원
→
분급
1,041 원

(3) 신입들이 많이 하는 질문

① 콜타임이 안 나와요

도입에 문제가 있는 경우가 많다. 첫 번째 본인의 소속을 정확히 밝혀야 한다. 신뢰감이 들지 않고 불안해서 전화를 바로 끊으려고 하는 것이다. 두 번째 대답할 수밖에 없는 질문이나 흥미를 유발할 수 있는 질문들을 해본다. 세 번째 '잠깐만 말씀 드릴게요' 혹은 '확인하고 빨리 끊을게요'라고 한 뒤 최대한 간략하고 인상적인 상담을 진행해보자.

〈그림 13〉 질문이 있어요~

② 콜타임은 나오는데 계약이 안 돼요

콜타임이 나오는데 청약이 체결되지 않으면 참 속상하다. 그래도 콜타임이 나온다는 건 좋은 것이다. 콜시간이 진행된 만큼 가망고객들도 늘어난 것이기 때문이다. 꼭 처음 통화에서 계약을 체결하려고 하지 말고 가망 고객관리를 통해 2차, 3차 청약 권유도 해보며 고객과의 신뢰를 쌓아가자. 또 너무 서둘렀다던가? 또 그 시점을 놓쳐 버린 것은 아닌지? 모니터링을 통해 분석해보자. 본인의 감각으로 적절한 시점을 찾아야 하는데 만일 어렵다면 클로징 전에 간접 클로징을 여러 번 해보는 것도 방법이다. 더 많이 연습해보고 경험을 쌓아보자.

③ 고객이 들으려고 안 해요

맞다. 나도 계속 10년째 같은 고민을 하고 있다. 듣게 만드는 것이 기술이다. 옆의 선배는 들도록 하지 않는가? 우리도 그렇게 될 수 있게 연습해야 한다.

④ 고객이 안 하신대요

필자도 이렇게 좋은 상품들을 왜 안 하시는지 궁금하다 정말 좋은데……. 사실 대략 우수상담원들도 하루 접촉한 고객 100명에서 계약성공이 5명 나오면 그날은 운수 좋은 날이다(회사별, 개인별, 상품별 차이는 있다). 그러니 오히려 쉽게 계약이 된다면 그것이 더 의외인 것이다. 거절은 당연하다. 고민할 시간에 반론을 더 외우자.

⑤ 내 목소리가 듣기 싫어요

대부분의 상담원들이 본인 목소리가 듣기 좋아서 귀에 진물이 잡히도록 듣는 것이 아니다. 월급 받으려고 내 목소리를 듣고 문제점을 찾고 보강해서 업무를 하는 것이다. 또 내가 말하는 목소리를 실시간으로 듣는 것과 녹음된 소리는 좀 다를 것이다. 내가 듣는 내 목소리가 어색한가? 그래도 자꾸 듣고 사랑해 주고 아껴 줘야 한다. 그리고 목소리는 근무할수록 점점 전문성 있게 변하게 되어 있다. 걱정마라, 자연스럽게 수련된다.

2) 입사 2개월 차, 도입이 어려운 그대

지난 1개월 동안 콜센터와 전화로 고객을 만나는 것이란 이런 것이었구나 하고 맛을 보는 기간이었다고 한다면 지금부터는 본격적인 스타트라인에 선 것이다. 지금 2개월 때는 제일 중요한 것이 막히는 반론이 있으면 안 된다. 상품가입을 막는 반대 요인들을 제거할 수 있는 반론은 정확히 확실하게 숙지되어야 하는데 자다가도 말할 수 있을 정도가 돼야 고객과의 의견대립에서 밀리지 않고 반사적으로 대처할 수 있다. 그리고 모니터링을 통해 내가 막히는 부분을 찾아 선배들의 해결방법을 참고해서 새로운 스크립트도 작성해보도록 한다.

대체적으로 2개월 차까지는 정해진 시간까지 일을 하고, 그 외 시간에는 모니터링이나 스크립트 작성을 다듬는 것이 유리하다. 그리고 2개월 차 때는 생각보다 많은 부분에 대한 공부가 이뤄져야 한다는 것에 대해 힘들고 지칠 때이기도 하다. 필자도 2개월 차 때 선배가 건네는 '힘들지?' 이 말 한 마디에 눈물이 주르륵 흐르곤 했다. 제대로 하고 있는 건지, 맞는 길을 가는 것인지 가장 고민되는 시기이기도 하다. 고민하고 문제에 대한 해결책을 늘려가는 만큼 성공의 순간은 눈앞으로 다가올 것이다.

(1) 도입거절

반론 외우기가 끝나 콜을 시작하다 보면 2개월 차에서는 도입거절이 많아 제일 힘든 시기이다. 어떤 상담원들은 컬러링만 들려도 '제발 받지 마세요' 하는 사원들도 있다. 그만큼 얼굴을 보지 않아도 고객의 거절을 대면하는 것은 참 부담스러운 일이다.

하지만 우리는 전화를 건 목적이 있다. 고객에게도 좋은 기회가 될 수 있고 또 무엇보다 반론이 준비되어 있기 때문에 자신감만 더한다면 좋을 것이다. 그러나 반론준비가 잘 되도 도입에서 거절당하면 속수무책이다. 2개월 차 때는 가장 힘들어 하는 것이 바로 이 도입거절에 대한 실망감과 자괴감이다.

하지만 도입에서 거절당하는 경우가 대부분인 것은 아주 자연스러운 현상이다. 고객을 떠나 우리도 타사의 상품권유 전화를 받았을 당시를 회상해보는 것이 좋겠다. 본인도 바쁘고 통화하기 싫다며 전화를 끊은 적이 생각나는가? 우리의 고객들도 당연한 이야기를 한 것이다. 그렇기 때문에 우리는 준비해야 한다. 도입거절을 넘기 위한 방법을 연구하고 고객의 결정을 도와야 한다.

(2) 도입뚫기 Tip

① 고객이 말을 많이 할 수 있게 하자.

상담원보다 말을 많이 하면 참여도가 올라간다.

상담원보다 말을 많이 하면 정보를 얻을 수 있다.

상담원보다 말을 많이 하면 상담원이 덜 힘들다.

② 질문을 많이 하도록 하자.

처음에는 쉬운 질문부터 개인적인 것들로 옮겨가자.

"처음 나온 상품 보셨을 때 이건 내 것이라고 생각하셨나요?"

"어떤 마음으로 결정하셨어요?"

"무엇 때문이었나요?"

"괜찮으셨나요?"

"비교했을 때 어떠세요?"

질문을 할 때 '어떤?'을 넣으면 좀 더 긴 대답을 얻을 수 있다.

백지연의 〈피플인사이드〉, 〈힐링캠프〉, 〈무릎팍도사〉, 〈안녕하세요〉 등 프로그램에서 MC가 질문을 던지는 것을 기억해두었다가 그 질문 방법을 우리 상담 시에 고객에게 접목하면 좋다.

③ 리액션

지루한 대화와 즐거운 대화의 차이점은 바로 이 리액션이다.

엄마들이 아기가 똥을 싸도 과장된 표현으로 칭찬해 주고 사소한 행동을 하더라도 크게 칭찬해 주는 것은 아기의 흥을 돋워 주어 다음에도 동일한 행동을 유발시키기 위함이다. 대화를 위한 준비는 5가지 단어만 있으면 가능하다.

'진짜?', '정말?', '웬일이야', '어머 못살아', 'ㅋㅋㅋ'

아주 간단하다. 이 다섯 가지만 사용해도 대화는 현재보다 즐거울 것이고 말하는 사람이 흥이 나게 되면 이야기는 더욱 즐거울 수밖에 없다.

고객이 말씀하시면 진심 어린 마음으로 선택하여 적재적소에 사용하도록 해야 한다. 또 이렇게 리액션이 동반되면 대화시간은 늘어나게 되고 처음에 발끝만 담그려던 고객은 이미 머리카락까지 다 적신 상태가 되고 만다.

④ 사례담

고객의 사례를 설명하면 어려운 상품내용도 쉽게 와 닿아 고객의 결정을 도와줄 수 있다.

　　– 구체적일 것 가까운 사람의 이야기

　　– 길지 않고 지루하지 않게 구성한다.

예) 예전에 고객님 중 한 분이 보험이 참 많은 분이 계셨어요. 늘 보험료 때문에 힘드셨죠. 근데 암에 걸리신 거예요. 다행히 치료가 잘 끝나서 안부를 여쭤봤거든요? 근데 암 진단금만 보험회사 전체에서 나온 게 2억 정도 된대요~ 치료 잘 받으시고 다음 달에 집사서 이사하신댔어요.

⑤ 정중한 목소리

영혼 없고 목소리 톤이 높은 음성은 고객을 도망가게 한다. 한때 개그 프로에서 유행어로 밀었던 '네네, 고객님'은 우리나라 사람이라면 누구나 들어보았을 것이다. 상담원의 성의 없고 판에 박힌 응대를 패러디한 것이다. 얼굴을 보지 않지만 신기하게 다 느껴진다. 그래서 진심을 담아야 한다. 특히 인사만큼은 영혼을 넣어서 따뜻하고 편안하게 하도록 한다.

⑥ 영혼 없는 친절은 경계를 부른다

왜 전화를 한 것인지 이유를 설명하고 칭찬과 격려를 곁들인 인사를 한다. 이때 나오는 칭찬은 독일 수도 약일 수도 있는데 일반적으로 현대인들은 어릴 적부터 친절한 사람을 조심하라고 교육을 받기도 해서 이유 없이 친절할 것이라고 대부분 생각하지 않는다. 진심 없이 목소리로만 칭찬해드리는 일은 없도록 해야 한다. 근거에 맞춰 그동안 잘해온 일을 축하하거나 칭찬해드려야 한다.

예) '그동안 자동이체가 연체 한 번이 없으시네요!', '유명하지 않던 시절부터 선택해 주셔서 감사합니다' 등 사실을 칭찬하도록 한다.

⑦ 스피드

요즘 음악은 전주가 짧은 편이다. 전주 없이 바로 가사가 들리는 경우도 있고 보통 10초 안에 가사가 나와 노래 내용을 전달한다. 예전 음악들은 전주만 1분 이상인 것들도 많았지만 요즘 음악은 최대한 단기간에 가사가 나온다. 다들 바쁜 삶을 살기 때문일까? 음악조차도 말하고자 하는 의도를 빨리 파악하고 싶어 한다. 친구들과의 대화에서도 장황하게 이야기하는 친구에게 '그래서 결론이 뭔데?'라며 종용한 적이 있을 것이다. 그래서 요즘 고객에게 맞춰 서두에 전화를 건 이유를 설명하고 상담진행을 속도감 있게 하면 좀 더 우호적으로 상담이 진행되는 경우가 있다.

* 대화를 이어 갈 수 있는 한 마디
예) "결론을 말씀드리면요." / "단도직입적으로 말씀드리자면요." / "사실은 말이죠." / "마지막으로 한 번만 더 말씀드릴게요." / "모르셨던 부분이 있으세요."

(3) 실패가 아니라 경험이 쌓이는 것이다

거절을 겪을 때마다 실패지수가 1씩 올라가기도 하지만 넓게 보면 경험치가 1씩 올라가기도 하는 것이다. 사실 지금 내가 잠깐 어려운 것이지 내 옆에 선배나 동기들을 보면 잘되는 사람은 또 잘된다. 당연히 그들도 헤매고 어려웠던 신입시절이 있었을 것이다. 계속 거절이 와서 힘들다면 힘든 채로 가만히 있지 말고 적극적인 반론극복과 스크립트 수정 또 우수상담원의 모니터링을 하면서 경험치를 쌓아가자. 사실 모든 판매는 거절에서부터 시작된다. 사실 거절을 하는 고객은 의사표현을 하는 고객이다. 무엇이 문제인지 대부분 말을 하기 때문이다. 오히려 장기간의 무응답 고객이나 연결이 아예 안 되는 고객들보다 훨씬 계약확률이 높다. 싫거나 힘든 점의 대안을 같이 고민해 주면 되는 것이다. 실패의 연속된 기록행진이 아니라 최선을 다했다면 정말 인연이 안 될 DB를 걸러내는 시간이었다고 긍정적으로 바라볼 필요도 있다. 눈에 보이지 않지만 나는 실패가 아닌 성공계단을 한 단계씩 올라가고 있는 것이다. 어떤 방향이 나를 좋은 결과로 데려갈지 선택하기 바란다. 그리고 계약이 나온다고 너무 마음이 들뜰 필요도 없다. 오늘처럼 힘든 날이 올 것이기 때문이다. 그리고 계약이 안 나온다고 마음이 힘들 필요도 없다. 계약이 잘 나오는 날도 있기 때문이다.

영업은 이 제로섬의 게임을 잘하고 마음의 평정을 잘 유지하는 사람들이 잘된다. 필자도 힘들지만 항상 힘들고 불안해질 때면 눈을 감고 매일 '나는 더 좋아지고 있다', '나는 성장하고 있다', '성장을 멈추지 않겠다'라고 다짐하곤 한다.

(4) 문제해결은 고객과 내가 같다는 것에서 찾을 수 있다

간혹 고객을 너무 어렵게 생각하거나 너무 어렵지 않게 생각해서 일이 잘 안 되는 친구들이 있다. 문제해결은 굉장히 간단하다. 고객과 내가 다르지 않다는 출발점이다. 누구나 요즘은 외부인을 경계하고 바쁘고 손해 보는 것을 싫어하며 합리적인 생활을 추구한다. 그리고 이득을 볼 수 있는 것이라면 고객이 알아서 찾아하기도 한다. 우리가 할 일은 얼마나 합리적이고 믿을 수 있는 것인지 어필하면 된다.

나	고객
경계심이 많다.	고객이 경계할 경우 정확히 설명하고 안심시켜드리는 것이 먼저다. 이득을 볼 수 있다면 고객의 입장을 막아도 고객이 먼저 오게 되어 있다.
바쁘다.	나도 바쁘다. 고객도 바쁘다. 그렇기 때문에 설명은 간단명료하게 도입부터 '바쁘시니까 간단히 말씀드리고 끊을게요', '하나만 말씀드리고 끊겠습니다' 라고 하는 것이 좋다.
합리적인 것을 좋아한다.	다이렉트상품의 합리적인 장점들을 설명해서 고객의 마음을 열어야 한다.
너무 친절한 것을 싫어한다. 부담된다.	정중하되 오버하지 않는다. 때로는 친절한 상담보다 시크한 상담을 더 좋아하는 고객이 있다.

(5) 마음을 움직이자

살아있는 토끼를 잡으려면 토끼 귀를 잡으면 되고, 거북이는 등껍질을 잡으면 되고 사람은 마음을 사로잡아야 한다고 했다. 요즘은 인터넷에서 몇 번의 검색으로 상품조회가 다 되고 또 장단점이 다 공개되어 있다.

승부는 인간적인 매력과 교감에서 나온다. 서툰 신입에게 계약을 한 고객들을 인터뷰해보면 하나같이 '진짜 저한테 좋은 상품이라고 말해 주는 것 같았어요', '거짓말을 안 하는 것 같아서요', '또 진짜 저를 위해 주는 느낌을 받았어요'라고 서툰 상담에도 계약결정 내린 이유를 말해 주었다.

지금은 같이 일하고 있지 않지만 예전 신입 중에 한 명은 말을 심하게 더듬어 일상대화조차 어려운 이가 있었는데 정말 희한하게도 고객들이 믿음을 가지고 계약을 해 주신다는 것이다. 수많은 달변가들이 많은 현장에서 장애로까지 느껴지는 상담원의 더듬거리는 말투로 계약이 나오는 것이 신기했다. 그리고 꽤 좋은 성적을 거두고 있는 그를 연구해본 적이 있다. 쭉 지켜본 결과 내가 내린 결론은 거짓말을 하고 있지 않는 것 같고 순수해서 믿음이 갔다는 그의 진정성에 있었다. 바로 이것이다. 진심을 전해야 고객의 마음을 움직일 수 있다. 지금 나의 부족한 상담기술에 대해 고민하지 말자. 자책할 필요도 없다. 기술보다 더 좋은 것이 고객을 위하는 진심어린 마음이다. 근데 사실 진심어린 마음도 상품공부를 열심히 하고 생기는 것이다. 열심히 공부하고 나를 적극적으로 어필해보자.

어색하게 상담해도 이 사람이 나에게 진짜 도움을 주고 있구나 하고 알 수 있다. 하다못해 집에서 키우는 강아지도 자기 예뻐하는 사람과 구박하는 사람을 다 알고 맞춰서 처세한다.

진심어린 상담을 하자. 상담원의 안내가 고객의 인생에 도움을 줄 수 있다는 것을 전달하자.

또 이런 마음이 깔려있다면 과도한 칭찬이나 믿기지 않는 공통점으로 포장하지 않아도 교감이 될 수 있다. 머리 아닌 가슴으로 다가가자. 정답은 여기에 있다!

"소나무 송, 아름다울 미, 송미예요."

보통 고객들이 전화를 해서 우리 상담원들을 찾으면 대부분 '제 담당 여직원 바꿔주세요'라고 말씀하신다. 물론 신상조회 후 담당자가 바로 검색되기도 하지만 문제가 있는 경우 담당자를 모르면 찾을 수 없는 경우도 있다. 상담원들이 대부분 여자이기 때문에 서울에서 김 서방 찾기다. 그 순간에 고객이 청약의사가 있었다면 이름을 몰라 아쉬운 상황인 것이다. 그래서 필자가 강조하는 것은 고객에게 닉네임을 불러달라고 요청하라는 것이다. 이름이 특이하면 이름으로 인상적인 문장 한 줄을 만들거나 목소리나 말투가 인상적이라면 포인트를 넣어서 고객이 자신을 한 번에 기억할 수 있게 인상적인 문구를 만들어 보자.

- ○○생명의 꽃보다 아름다운 미녀 담당자 이장미입니다.
- ○○보험사 황금처럼 귀한 여자 황금희입니다.
- 예전 드라마 〈아들과 딸〉 기억나세요? 제 이름이 그 집 아들 이름이에요. ○○화재 한귀남입니다.
- 피겨의 여왕 김연아 선수 아시죠? 저는 한 글자 달라요 김연화입니다 기억해 주세요~

낯부끄럽다고 안하면 나만 손해다. 고객이 기억해 주시고 자주 찾아 주셔야 우리의 업무에도 도움이 된다.

3) 입사 3개월 차, 클로징이 어려운 그대

먼저 아직 집에 돌아가지 않고 센터에서 3개월을 맞은 그대에게 박수를 보내주고 싶다. 성과가 잘되고 안 되고를 떠나서 출근 잘하고 아픈 곳만 없어도 칭찬받아 마땅하다. 그간 버텨낸 것에 축하 받을 일이다. 1, 2개월 때 열심히 노력한 직원이라면 이제 도입과 반론 그리고 상품설명은 대부분 문제가 없다. 솔직히 3개월 차 직원과 10년 이상의 상담원이 설명하는 것을 일반 고객들은 크게 차이를 느끼지 못한다. 물론 위기의 상황이나 전문적인 부분을 깊이 있게 이야기하면 차이가 날 수 있지만 이제 3개월이면 텔레마케터로서 완전체로 태어났다는 의미이다. 하지만 도입과 상품설명을 어지간히 해도 이제 문제는 클로징이다.

한 시간을 전문가처럼 상품설명을 해도 놓쳐버린 고객도 생기고 진짜 조금만 더 말하면 결정을 해 주실 듯한데 내가 부족해서 계속 계약을 놓치고 고객을 놓쳐버린다고 생각할 것이다.

아쉽고 속상해서 오후가 되면 얼굴이 붉어지고 끝내 계약이 되지 않을 때는 눈물을 흘리기도 할 것이다. 해줄 수 있는 말은 더 아프고 더 눈물 흘려야 한다는 것이다.

그리고 클로징을 고민한다는 것은 그대가 도입을 뚫어서 1단계는 통과해야 할 수 있는 고민인데 일단 도입이라는 큰 고비를 넘긴 것도 대견하다. 클로징은 첫인사부터 1분 만에도 할 수 있다. 또 1시간 만에도 할 수 있는 것이다. 특별한 공식 없이 권유하면 되는 것이다(성공률에는 차이가 있을 수도 있다). 겁내지 않는 것이 중요하다.

(1) 클로징 – 계약을 결정할지 말지를 묻는 일련의 과정

산 넘어 산이다. 이제 고객들이 내 이야기를 들어주기 시작했는데 왜 계약체결이 이뤄지지 않는 것일까? 업무에 집중해서 하루를 다 보내는데도 왜 계약이 이뤄지지 않았을까? 콜타임은 엄청 나오는데 왜 계약이 이뤄지지 않았을까?

그건 바로 클로징을 부족하게 해서이다.

사람마다 차이는 있지만 대부분 2-3개월 때부터 클로징을 어려워한다. 낚시를 하다가 다 잡은 고기를 놓친 느낌이 바로 이런 허탈감일까? 복권에 당첨됐다가 당첨된 복권을 잃어버린 기분이 이런 기분일까? 진짜 계약으로 갈 뻔하다가 선택을 미루는 고객이 한없이 밉고 안타까워서 눈물을 흘리기도 할 것이다. 하지만 어떤 상황에서도 긍정적으로 바라볼 수 있어야 한다. 클로징이 안 된다는 것은 일단 도입과 상품설명의 고비는 넘긴 것이기 때문이다.

처음 전화 걸기도 어려워하는 신입도 있다. 클로징의 어려움은 거의 목적지까지 다 왔다고 생각하면 된다. 먼저 한 가지 확실한 것은 신입의 경우 콜타임이 많이 나오고 계약을 놓치는 것과 짧은 시간 안에 계약이 나오는 경우 두 가지를 놓고 봤을 때 전자의 경우를 많이 접한 상담원이 훨씬 더 성장한다는 것이다.

'Easy come, easy go'라고 했다. 쉽게 온 것은 쉽게 간다. 간단한 말재간이나 제대로 된 상품설명 없이 이뤄진 계약은 신입 상담원에게 독이다. 정확하지 않은 계약 성과로 우쭐대다 성장의 기회까지 놓쳐버리고 나중에 가서 그는 현재의 상담업무와 본인은 맞지 않는다며 퇴사할 수밖에 없는 이유가 되는 위험한 독을 마시고 있는 것이다. 콜타임이 나오면서 계약이 안 나오는 것은 그나마도 다행이다. 힘이 빠지고 지치지만 미래는 밝다. 가망고객이 늘어났기 때문이다.

아무리 우수한 상담원도 하루 100번 이상의 시도에서 평균 세네 건[9] 나오기가 사실 어렵다. 초보인 우리도 지금의 경험을 보강해서 앞으로 계속

---

9) 센터의 업무 종류와 시기에 따라서 차이가 있습니다.

나아가면 된다.

현재 우리에게 부족한 것은 조금 강력한 밀어붙이기이다. 친구들 중에서도 어디를 가자가자 해야 가는 친구들이 있다. 우리가 하는 업무가 바로 이 권유를 하는 업무 대부분이라는 것을 잊지 말아야 한다.

예전 고참선배에게 클로징 고민을 토로한 적이 있는데 그가 한 말이 예술이다. 그는 클로징이란 전화 걸고 10초 안에도 할 수 있는 것이고 1시간 뒤에도 할 수 있는 것이라고 했다. 사실 맞는 말이다. '계약해드릴까요?' 이 말이 뭐 어렵다고 빙빙 돌려서 고객이 계약 권유 즉시 전화를 끊을까봐 두려워하며 못 했단 말인가?

결론 없이는 세상 아무것도 못 한다. 농사에서도 봄에 모내기를 하고 가을에는 추수를 한다. 추수를 안 하면 곡식이 논에서 다 썩어 문드러질 것이다. 여름에 흘린 땀이 아까워서라도 수확하는 작업은 꼭 필요하다. 두려워하지 말고 권유를 해서 혜택을 나누자.

(2) 클로징을 못하는 이유

❶ 계약하라고 하면 고객이 전화를 끊을까봐

어차피 전화는 끊게 되어 있다. 그리고 연애든지 상담이든지 나를 떠나갈 사람이라면 빨리 아는 게 좋다.

❷ 고객에게 부담을 줄까봐

내가 지금 돈이 없다고 고객도 돈이 없을 것이라고 생각하지 말라. 지금 내가 권유해 주는 상품이 그에게 큰 도움이 될 수도 있다.

❸ 왠지 미안해서

근무하고 있는 회사는 금융법에 의해 관리 감독을 받는 기업이다. 세금도 내고 정부 감사도 받는다. 고객에게 해를 끼치는 일이 아니라는 것이다. 도대체 뭐가 미안하다는 것인가? '지금 당장 해드릴게요', '준비해드리겠습니다', '혜택을 받으세요'라고 이야기해보자.

❹ 안 한다고 할까봐

우수상담원들의 고객 대부분도 처음엔 거부한다. 청약순환을 반복하다가 계약이 어려운 이유를 알게 되고 대안을 제시해 주며 상담이 이뤄진다. 거부는 끝이 아닌 시작이다.

(3) 클로징을 잘하는 법 – 나비처럼 날아서 벌처럼 쏘라

① 간접 클로징을 활용한다

간접 클로징의 목적은 고객의 무의식적 동의와 조용히 고객의 의사를 확인해보는 것이다. 우리가 짝사랑을 할 때 처음부터 무턱대고 '좋아합니다'라고 고백하기보다는 천천히 그 사람 주변에서 나의 매력을 어필하고 이상형을 탐색해서 취향을 저격하는 것이 이뤄질 확률이 높다. 음식은 뭘 좋아하는지, 좋아하는 영화배우는 누구인지, 이상형은 누구인지, 하다못해 무슨 음식을 좋아하는지 사전에 정보가 있으면 그에 맞는 데이트 장소를 마련할 수 있다. 또 이상형을 알게 되면 그에 맞는 옷차림이나 헤어스타일이라도 할 수 있지 않은가?

고객의 마음을 얻는 것도 사랑이 이뤄지는 것과 비슷하다. 고객과 통화하며 나를 각인시키고 신뢰를 쌓으며 고객이 원하는 것이 무엇인지 탐색해서 우리의 장점을 부각해야 한다. 또 3번의 간접 클로징을 한 뒤 클로징을 하면 더 유리하다. 잔 펀치 속에 KO가 된다는 말이 있다.

'하실래요? 안 하실래요?' 선택을 종용하기보다는 고객이 자연스럽게 받아들일 수 있는 긍정답변을 얻어야 한다. 청약 순환표에 맞춰 소통의 시간을 늘려가면서 마음의 거리를 줄여야 한다.

② 유머

자주 웃다 보면 경계심이 풀어진다. 사실 회사에서 만든 금융상품은 용도에 맞출 수만 있다면 대부분이 좋은 상품이다. 철저한 시뮬레이션을 통해 우수성이 확인돼야 시판되기 때문이다. 경계심만 풀어지면 장점은 부각된다. 사실 웃음은 경계의 무장해제가 되는 지역이기도 하다.

유머 있는 대화는 상대방에 대한 호감도가 상승된다. 또 호감은 신뢰로 신뢰는 소통으로 소통은 계약으로 이어지게 된다.

고객들과의 소통을 위해 항상 뉴스를 보고 따끈한 정보를 늘 숙지하거나 유행하는 드라마를 소재로 설명하는 것도 좋은 방법이다. 단, 너무 가벼운 어조로 상담에 응하는 것은 늘 경계해야 한다. 가볍고 즐거운 마음으로 상담에 임하는 것은 좋지만 우리는 금전이 오가는 금융거래담당자로서의 품위를 유지하도록 해야 신뢰를 줄 수 있다는 것이다. 상담 거부의사를 표현하는 고객에게는 더욱 정중하게 응대해야 한다.

③ 클로징도 공식이다

상품설명·클로징은 세트다. 항상 설명 뒤에 '해드릴게요', '준비하세요'를 붙인다. 아무리 설명을 열심히 해도 고객은 '그래서 뭘 어떻게 하라는 거지?'라고 생각할 수 있다. 그래서 상품설명 뒤에는 항상 클로징이 따라와야 한다.

통계적으로 20번 이상의 '네'라는 대답을 얻어내면 계약으로 갈 확률이 높았다. 주소확인, 계좌확인 중 하다못해 '어제도 식사는 하셨지요?', '어제 점심은 드셨나요?' 등 아주 당연히 '네'라고 나올 수 있는 질문을 연구해서 접목한다.

고객이 '네' 하시는 숫자만큼 계약확률도 올라간다. 클로징도 공식이다.

* '그렇기 때문에 준비하셔야 해요', '그래서 하시는 겁니다' - 반론 뒤에는 항상 계약권유를 해보자.

④ 한정멘트

보통 우리가 시장에 나가서 물건을 사더라도 판매자들은 '우리에게 오늘 아니면 절대 안 된다. 또 이 구성 마지막이다', '오늘 마지막 기회 절대 다시는 볼 수 없고 앞으로 영영 선택할 수 없다'는 것을 강조한다. 하긴 죽기 전에서야 사람이 변하고 마지막 버스를 잡았을 때 더 감사한 것처럼 사람들은 늘 임박해야 움직이고 마음이 동요된다. 하지만 우리가 하는 통신판매업에서 현행 규정상 이유 없는 마지막이라는 한정멘트는 현재 규제대상이다. 매일 상품이 종료되고 혜택이 사라진다면 좋겠지만 그렇지 않다. 그래서 진짜 상품이 종료되거나 고객의 나이가 변경돼서 금액이 오르거나 하는 이슈가 없는 한 매일 이 멘트를 사용하기에는 무리가 있다. 그래서 대신 필자는 현재와 인연을 강조하기로 했다.

지금도 필자는 고객님들께 '수많은 인연 중에 저에게 와주셔서 감사합니다'라는 문구로 안부 인사를 드린다. 사실 이 지구에서 서로 한국 사람으로 태어나 고객과 상담원으로 만난 것도 쉬운 일은 아니다. 그리고 이 순간이 또 언제 올지도 모른다. 매일 일상에 파묻히다 보면 사실 미래계획을 세우기 힘들기 마련이다. 아마 전화를 끊고 일상으로 돌아간다면 여태까지 이야기했고 고객도 마음에 들었던 혜택은 내 것이 아니게 된다. 가져야 진짜 내 것이 되는 것이다. 또 10년 뒤에 인생을 돌이켜봤을 때 지금 선택이, 49살의 내가 39살의 나에게 '진짜 잘한 선택이었구나' 하며 돌아볼 날이 있을 것이라고 이야기한다. 지금이 아니면 안 될 것 같다는 강력한 한정 멘트도 좋지만 사실 지금 이 순간은 한 번이고 다시 오지 않을 것이기 때문에 인연을 강조하고 현재가 다시 없음을 강조한다. 그러면 한정 멘트로 이야기하는 것보다 고객의 마음을 더 움직일 수 있다.

⑤ 바잉 사인

야구를 할 때도 투수는 포수의 사인을 보고 투구를 하고 연애를 시작할 때도 작업사인이라는 것이 다 있다. 화산이 폭발할 때 대부분 주변 지열의 온도가 오르고 주변에 용암도 발견되며 간간히 폭발음도 들린다. 건물이 무너질 때도 서서히 벽에 금이 가기 시작하는 것처럼 고객이 결정을 내리는 데 진행 상황을 알려주는 신호등 같은 것이 바로 이 바잉 사인이다. 대부분 감탄사나 질문으로 이뤄져 있다. 항상 바잉 사인 뒤에는 장점을 설명하고 간접 클로징 뒤 클로징으로 마무리한다는 것을 잊으면 안 된다.

감탄사	주의사항	질문	주의사항
아~	상담원이 어떤 혜택을 이야기했을 때 바로 이어지는 고객의 사인이다. 이때는 장점을 하나 더 말하고 평소 불편했던 점이나 기존 안 좋았던 점을 말한 뒤 다시 장점을 이야기해서 장점, 불편한 점, 보완된 점으로 상담을 이어간다.	얼마 내면 되는데요?	보통 이 질문이 나오면 두 가지다. 상품이 마음에 들어서 하기도 하고 전화를 빨리 끊으려고 하기도 한다. 이때는 바로 금액을 알려주지 말고 '금액은 다 조정가능하다. 근데 그보다 요번에 아셔야 하는 것이 있다'고 하면서 셀링 포인트를 3가지 정도 간략하게 말한다.
진짜요?	보통 유달리 좋은 점은 경계하게 되어 있다. 그럴 때는 웃으면서 저희도 가끔 진짜인가 싶다고 하면서 유머코드로 넘어가는 것도 좋다.	얼마 동안 내는 건데요?	금액처럼 기간도 바로 이야기하지 말고 조정 가능하다고 이야기한다. '제가 그렇지 않아도 이야기하려고 했습니다'라고 하면서 셀링 포인트를 설명한다.
아 진짜 몰라요~	고객이 결정을 70% 정도에서 결정을 한 상태에서 보통 이야기한다. 이때는 기회가 진짜 좋고 나중에는 이 혜택은 거의 없을 것이라는 사실을 이야기하며 끌어당기는 것이 좋다.	괜찮을까요?	우리는 본능적으로 본인의 결정이 맞는지 확인 하고 싶어 한다. 이때 확신을 심어줘야 하고 심어준 뒤에 장점을 정리해 준 뒤 클로징으로 이어간다. "당연 하세요!", "확실 하세요!", "그럼요!"
에구~	보통 형편이 되지는 않지만 계약해야겠다는 마음의 결심이 조금 섰을 때 이렇게 말하기도 한다. 요번에 조금 아껴 쓰기 시작하면 여유로운 미래가 기다린다는 사실을 알려주는 것이 좋다.	상품내용에 대한 질문을 할 때	간단히 설명해 주고 다시 관심 보이는 부분에 다른 고객 예시를 들어 설명해 준다. 설명 후 클로징한다.
침묵	생각하는 시간으로 침묵은 좋은 상담기술이고 바잉 사인이 될 수 있다. 서로 밀고 당기기를 하다가 잠깐 생각할 시간을 속으로 5초 정도 가진다. 침묵은 가장 강력하고 인상적인 대화다.	서류나 이메일을 보고 싶어요.	반론으로 상담을 종료하려 하는 경우도 있지만 서류를 보고 싶다는 이야기가 나오면 고객의 마음이 60% 정도 온 것이다. 일단 보내드릴 수 있다는 것을 강조하자. 또 사실 볼 것 없이 굉장히 간단하다는 것을 강조하자. 그리고 다시 상품혜택을 설명하자. 좋은 사인이다. 강하게 요청하실 경우 보내드리는 것이 원칙이다. 또 보내면 서류를 주고받는 과정에서 한두 번 더 통화를 하게 되고 신뢰도도 올라간다.

⑥ 마지막 전화 끊기 전 한 번 더

사람은 두 번까지는 거절을 쉽게 한다. 하지만 정확한 상담 후에 세 번의 거절은 쉬운 일이 아니다. 그리고 클로징까지 오는 것 또한 쉬운 일은 아니다. 도입을 뚫고 반론을 극복하고 직접적인 계약권유를 하기까지 최소 20~30분의 시간이 소요된다. 여태까지 100의 힘으로 설명했다면 딱 30%의 힘만 더 쓰자.

절대 포기하지 말자! 세 번의 거절이 있으면 주위환기를 시키고 다시 상품설명으로 돌아가서 당황하지 말고 청약 순환표로 돌아가서 상담을 다시 진행해보자!

⑦ 복잡한 것은 단순하게 단순한 것은 여러 기능으로

예 1) 100만 원 10년 저축하면 대략 1억

　　　50만 원 20년 저축하면 대략 1억

　　　30만 원으로 시작하시면 1억

　　　15만 원으로 시작하시면 5천

→ 최대한 숫자 계산을 간단하게 해서 쉽게 풀어야 한다.

예 2) 8가지 기능이 있는 상품 – '하나로 다 됩니다', '간단합니다'

⑧ 설명을 하면서 '이해되시나요?' 물어보기

상담원이 아무리 설명을 잘해도 그것을 고객이 이해하지 못한다면 에너지만 낭비될 뿐이다. 그래서 상담 중에 상품내용을 정리하고 충분히 이해하는지 확인한다. 고객의 생각 속도와 내 속도가 맞는지 확인하고 조율하자.

⑨ 중간 확인 작업

'그래서 지금 상황이 ○○○라는 거 아니세요? 맞나요?' 고객님이 말씀해 주시는 것을 정리해서 중간에 의도하시는 바를 제대로 이해했는지 확인한다. 왜냐하면 고객의 말씀이 장황하게 이어질 수 있고 상담원이 제대로 듣고 있다는 사인이 될 수 있기 때문이다.

상품설명은 보통 3개월만 지나면 10년 된 상담원이나 3개월 된 신입이나 크게 차이가 없다. 돌발 상황이나 민원응대에서 연륜이 나오는 거지 대부분의 고객은 상품설명만 가지고 크게 상담원의 기술적 차이를 느끼지 못한다. 자신감을 갖고 주눅 들지 않고 당당하게 임하는 것이 좋다!

* 낮잠 금지!

3개월쯤 되면 보통 체력적으로 힘들어 하는 이들이 많은데 공부도 힘들고 아침저녁으로 출퇴근도 힘들어져서 점심을 먹고 나

〈그림 14〉 낮잠 금지!

면 자리에 엎드려서 잠을 자는 친구들도 더러 있다. 물론 졸릴 때 잠깐 잠을 자면 집중도가 올라가는 것은 사실이지만 식후에 바로 엎드려서 자주 잠을 자면 역류성 식도염이나 불안한 자세로 허리나 목에 무리를 줄 수도 있어 건강에 해로운 점이 더 많다. 또 사정을 모르는 사람은 게으르다고 생각할 수도 있다. 남에게 잘 보이려고 근무하는 것은 아니지만 우리는 신입생! 괜히 좋지 않은 인상을 심어 놓을 필요는 없다.

차라리 졸리면 회사 주변을 산책해보거나 커피를 마셔서 잠을 쫓고 피곤한 날은 일찍 퇴근하고 내일 업무를 준비하는 것이 좋겠다.

4) 입사 4개월 차, 나만의 시간표가 있는 그대

만일 무사히 3개월을 넘긴 당신이라면 사실 4개월 차는 상담하면서 계약수의 많고 적음을 떠나 청약되는 그 순간은 하늘을 나는 기분일 것이다. 하지만 지식의 깊이가 얕기 때문에 고객에게 해줄 수 있는 부분이 없어 답답함을 느끼는 시기이다. 그래서 이때 찾아서 하는 공부를 많이 한다. 어떤 신입은 고등학교 때 이렇게 공부했으면 정말 좋은 대학교도 문제없었을 거라며 너스레도 떤다.

전문적인 보험공부나 화법에 대한 공부를 찾아서 하게 되는데 이제부터는 일하는 시간과 공부하는 시간의 분배나 근무시간의 집중을 위해 나만의 시간표를 작성해보는 것이 좋다.

오전에 업무집중이 잘되는 타입이라면 오전 근무시간 외에 오후시간을 이용해서 잡무를 보거나 오후에 집중이 잘되는 타입이라면 오전에는 서서히 긴장을 풀면서 업무진행을 하는 것이 좋다.

3개월간의 나의 모습을 되돌려 보며 시간표를 짜보는 것이 좋은데 업무집중시간과 그 외 시간을 분리하는 것도 좋다. 자신을 돌아보며 체력이 약하다면 고액건을 위주로 상담해보고 저축상담이 잘된다면 저축상담을 특화시켜 자신만의 맞춤 전략을 세울 수도 있다.

⑴ 업무의 시스템화

보통 4개월 차 정도가 되면 어느 정도 업무가 익숙해진다. 지금부터는 본인에 대해서 객관적인 시각을 바라볼 필요가 있다. 본인의 업무패턴이나 체력, 근무태도 등 그동안 일해 온 자료를 토대로 이제는 업무의 시스템화가 필요하다. 보험 업무는 해도 해도 끝이 없는 것이 사실이다. 주먹구구식으로 일한다면 일의 순서가 바뀌거나 챙겨야 할 부분을 놓쳐 계약손실로 이어질 수도 있기 때문이다. 그래서 필요한 것이 업무의 시스템화이다.

사실 초보상담원들의 경우 오히려 계약보다는 업무의 시스템화가 더 필요하다. 실력은 차곡차곡 쌓이고 있으므로 선배들을 보며 나만의 업무시스템을 체계화해서 만드는 것이 필요하다. 자신만의 업무 패턴이 쌓이면 갑자기 계약이 안 나오더라도 다시 자신만의 패턴을 찾기가 쉬워진다. 그래서 항상 일관적으로 체계적으로 일하는 상담원들의 급여가 높다.

선배들만큼은 아니더라도 신입의 입장에서 본인이 할 일과 어떻게 하면 영업을 잘할 수 있을지에 대한 고민을 하다 보면 하나둘씩 영업방법이 쌓여간다. 이것이 업무의 시스템화이다. 이것이 잘되면 평생 직업으로 할 수도 있고 다른 일을 할 때도 체계적인 부분이 도움이 된다. 시행착오를 거쳐 본인만의 스타일로 업무시스템을 만들어보자.

보통 계절에 따라 회사 사정에 따라 달라지기도 하지만 대부분 이 틀을 유지하고 있다. 신입은 보통 공부에 초점을 맞추고 업무능력 향상에 시간을 더 많이 분배해야 할 것이다.

〈업무시간표〉

업무시간	하는 일
8:00~8:30	신문읽기
8:30~9:30	전날 업적 1위자 콜 듣기/고객관리업무
9:30~10:00	조회
10:00~12:00	1교시 업무집중시간
12:00~12:30	점심시간
12:30~13:00	전날 업적 QA보완, 해피콜안내
13:00~15:30	2교시 업무집중시간
15:30~16:00	간식시간

16:00~18:00	3교시 업무집중시간
18:00~18:30	내 계약콜, 10분 이상 콜 듣고 분석
18:30~19:00	내일 스크립트 정리·자리 정리
19:00~19:30	퇴근, 운동장소 도착
19:30~21:00	운동
21:00~22:00	귀가
22:00~23:00	TV시청 후 수면

〈나만의 업무원칙 세우기〉

본인의 업무스타일에 맞춰 시간별, 요일별 할 일을 정해 놓으면 집중콜 시간에 상담에 몰입할수 있다.

① 월요일부터 금요일까지는 서류작업을 하지 않고 주말에 나와서 몰아서 일을 한다.

② 10분 이상 상담을 했던 고객을 체크해 놓았다가 일반우편으로 매주 목요일 서류를 보낸다.

③ 매주 수요일 아침은 우수상담원의 콜을 들어본다.

④ 퇴근 전에 내 콜을 들어보고 퇴근한다.

⑤ 철회된 고객에게 한 달에 한 번 안내장을 보낸다.

(2) To do list - 오늘 할 일

콜센터에 오면 시간이나 계절감을 잘 못 느낄 때가 많다. 업무량도 많거니와 할 일이 많아 한동안은 주변을 돌볼 시간을 갖기 어렵기 때문이다. 손을 대면 다 일이다. 그렇다고 다 모른

〈그림 15〉 오늘 할 일

체할 수도 없기 때문이다. 때로는 가볍게 놓친 일이 민원으로 오는 경우가 있기 때문에 아침이 되면 꼭 해야 할 일을 정해 놓고 잘 보이는 곳에 메모

해 놓아야 한다. 메모하고 리스트를 정해 놓고 해결되면 하나하나 지워가
도록 해본다.

5) 입사 5개월 차, 효율적인 그대

여기까지 체력으로 일을 계속해왔다면 지금부터는 효율적으로 운영하
는 방법을 익혀야 한다. 화법의 연구나 보험 관련 서적들을 읽으며 군더더
기를 빼는 시간이 필요하다.

요즘 업무 트렌드는 여러 명에게 박리다매하기보다는 상품 하나의 금액
크기를 키우고 한 명에게 여러 종류를 팔며 유대가 좋은 고객에게 지인소
개를 받는 것이다. 그래서 지금부터는 고객관리와 업세일링을 연구해야 한
다. 사실 이미 잡아 놓은 물고기에 밥은 더 이상 주지 않는다고 상담원들
중 계약 후 관리를 소홀히 하는 이들도 존재한다. 하지만 이들은 한 직장에
오래 근무하지 못한다. 쉬운 일은 아니지만 하다 보면 신계약도 쉬워진다.
잘 관리 받은 고객은 새 고객을 소개해 주기 때문이다. 여태까지가 생존에
대한 고민이었다면 지금부터는 효율적인 근무에 대한 연구를 시작해보자.

(1) 고객관리
① 계약 전

〈ABC 고객분류〉

고객명	청약가능성	관리내용
이장미	A/B/ⓒ	이메일 전송, 문자메시지
전지연	Ⓐ/B/C	우편발송 후 재상담 약속

오랜 시간 상담 후 거절을 밝힌 고객들을 체크해 놓고 한 달에 한두 번 안내 우편이나 문자를 보내는 것이 좋다. 사람의 마음은 쉽게 움직이지 않는다. 한 번에 소통이 되서 계약이 이뤄지는 경우도 좋지만 차근차근 설명하고 배양해서 관리하다 나온 계약이 사실 더 유지율도 높고 성취감도 준다. 그래서 매일 상담한 고객들을 청약 가능성에 따라 분류해서 맞춤관리를 한다. 보통 3단계 상/중/하 정도로 분류하는데 중요한 점은 관심이 낮은 '하'의 고객들을 관심 '중'이나 관심 '상'으로 끌어올리는 가망관리 단계가 필요하다는 것이다. 상담만으로 분류하기가 어렵다면 5분 이상, 10분 이상 상담한 고객들을 관리해보는 것도 좋은 방법이다. 왜냐하면 상품에 관심이 있는 가망고객은 거의 5~10분을 통화한 고객이 많은데 이들을 관리하다 보면 청약으로 이어지게 된다. 통계적으로도 장콜이 많을수록 계약건수가 많았고 콜타임이 많을수록 급여가 높은 상담원이 많았다. 꼭 퇴근 시에 오늘 장콜을 확인해보고 미진하다면 전략을 세우는 것이 좋다.

② 계약 후 관리

– 연체관리를 철저히

연체 중에는 보험금 청구를 해도 회사에서 돈을 지급할 수가 없다. 연체돼서 보장을 못 받는 경우는 없어야겠다. 고객이 여유가 없어서 연체되었을 수도 있지만 자동이체 계좌를 바꿨거나 깜빡하는 경우가 많다. 요즈음 전산이 잘 되어 있어서 지난달 계약이나 보유중인 계약 중에 수금이 잘 안 되는 건이 있으면 리스트를 추출해서 전화할 수 있고 핑계 김에 상품권 유도 할 수 있다.

– 사고보험금 접수관리

계약을 할때 담당자만 믿으라고 해놓은 뒤에 나 몰라라 하는 담당자들도 드물지만 있다. 이런 상담원들은 아직 많은 공부가 필요하다. 고객에게 제일 창피할 때가 사후관리가 안돼서 속상하다는 고객을 만나는 것이다. 정말 같은 직업을 가진 사람으로 부끄럽고 죄송한 마음뿐이다.

고객에게 보험금 청구할 일이 있다는 것은 분명 아프거나 일신상의 문제가 생겼기 때문이다. 더 다정하고 더 세심하게 말씀드리자. 그리고 보험금을 잘 청구할 수 있도록 도와드려야 한다.

– 정성이 제일이다.

사람이 선물을 받아서 좋은 것이 아니라 그 마음에 감동한다는 말이 있다. 한국 사람은 특히 정 문화가 있기 때문에 금은보화가 아니더라도 새해가 되면 플라스틱 돼지 저금통에 '매일 100원씩 모아보세요'라는 메모를 붙여 보내거나 멋진 그림에 손 편지를 써서 안부를 여쭙는다거나 꼭 사은품이 아니더라도 자주 고객과 접촉해서 나를 알리고 소통해야 한다.

셔츠 + 셔츠 = 업셀링

(2) 업세일링과 크로스셀링

업세일링은 성격이 같은 상품을 유지 중인 내 고객에게 같은 상품을 추가 권유하는 것이다.

크로스셀링은 암보험이 있는 고객에

셔츠 + 바지 = 크로스셀링

〈그림 16〉 업세일링 & 크로스셀링

게 질병보험을 권해 주거나 저축이 있는 고객에게 건강보험을 권해주는 방식이다. 다른 성격의 상품을 추가 권유하는 것이다. 그동안 근무하며 만났던 고객들에게 추가 권유를 해보자.

6) 입사 6개월 차, DB관리하는 그대

먼저 축하한다. 보험회사에서 6개월을 버티면 사회 어디를 가더라도 견 뎌낼 수 있는 근성이 자신에게 있는 것이라고 한다. 지금 남아서 이 글을 읽고 있는 당신이라면 아마 지금 하는 업무를 떠나 어떤 일을 하더라도 잘 할 수 있을 것이다.

사실 3개월이 지난 상담원은 조언해줄 것이 별로 없다. 버티기가 안 되 거나 적응에 문제 있는 직원들은 3개월 안에 정리가 되기 때문이다. 이미 반년 가까이 기술을 쌓고 노력하고 있다면 지금부터는 주변을 돌아보아도 좋다. 못 만났던 지인들도 만나고 소원했던 가족들과도 시간을 갖자. 그리 고 지금까지 배운 것을 잘 숙성시켜 공부해서 급여도 더 올리고 자아발전 도 해야 한다.

지난 5개월간의 훈련으로 청약 터미네이터가 되었는가?

많이 부족하다고 느끼는가? 충분하다고 생각되는가?

어느 쪽이든 한 가지 확실한 건 앞으로의 보험인생은 무엇을 상상하든 더 크게 당신을 키워 줄 것이라는 것이다. 그것이 자산의 규모이든 인격이 든 상상 그 이상일 것이다.

지금부터의 싸움은 체력도 시간도 아닌 마인드 컨트롤이다. 어떻게 스트레스를 관리하고 어떻게 근무 외의 시간을 관리하느냐에 따라 당신의 보험인생수명이 결정된다. 스트레스관리가 안 되는 상담원은 오래 일을 할 수 없다. 야외활동, 제2의 창업, 새로운 직업 모두 계획 하에 진행하고 근무시간에는 철저하게 집중하고 근무 외 시간에는 스트레스를 풀 수 있는 공간을 꼭 마련하도록 한다. 여행을 가도 좋고 가까운 동네 뒷산이라도 움직이는 것이 좋다.

존경하는 고참선배는 아무리 늦게 끝나는 날이라도 헬스장에 가서 꼭 땀을 흘리고 집으로 향한다. 6개월이 지나면 철저한 자기관리를 하는 상담원만이 살아남게 된다.

본인만의 규칙을 정해서 평일에는 술을 마시지 않는다든가 항상 11시에는 잠자리에 든다든가 하루 업무에 지장주지 않을 수 있는 수칙을 만들어 지켜가는 것이 좋다.

또 6개월 차부터는 받은 교육을 돌려 줄 수 있는 상태가 되는데 오히려 고참들보다 갓 6개월 차인 신입이 새로운 정보도 많이 알고 규정까지 꿰뚫고 있어 신입들도 도와줄 수 있게 된다. 지금부터는 후배들도 가르쳐 주면서 본인이 도움 받은 것을 되돌려주며 본인의 콜스타일을 정리해보도록 한다.

6개월부터는 이미 다 완성된 상담원들이므로 DB 관리만 철저히 한다면 실력이 더 업그레이드 될 수 있다.

(1) DB에 대해서

DB는 우리의 먹거리다. 농부도 땅이 있어야 농사를 짓고 어부도 바다가 있어야 물고기를 잡아 올린다. 일부 상담원들은 더 나은 DB를 찾아 회사를 그만두기도 한다. 하지만 일시적으로 잠깐 반짝 할 수는 있겠지만 한

회사에서 DB를 탓해서 그만둔 상담원은 다른 회사에서도 같은 이유로 퇴사할 확률이 높다. 그 이유는 이 세상에 나만 기다리는 좋은 DB는 없기 때문이다. 물론 DB의 신선도나 출처에 따라 청약 확률은 달라질 수 있다. 하지만 세상이치가 쉬운 일인데 급여를 많이 지속적으로 줄 수 없다. 진짜 그런 일이 있다면 의심해보아야 한다. 요행을 바란다면 나만 더 안 좋은 상황이 된다.

'일체유심조(一切唯心造)'라고 예전 원효대사의 해골물 일화는 다 알 것이다. 너무 목이 말라서 밤에 바가지에 담긴 물을 마시고 참 달구나 하고 느꼈는데 자고 일어나보니 해골바가지에 담긴 더러운 물이었다는 것을 알고 놀랐다는 이 일화를 항상 잊지 않고 세상을 살면서 대입해보자.

DB도 내가 황금DB라고 생각하면 황금인 것이고 못 쓰겠다고 생각하고 일하면 못 쓰는 DB가 되는 것이다. 포인트는 상담을 어떻게 진행하고 관리하냐는 것이지 사실 사람한테 이야기하는 건 다 똑같기 때문이다.

(2) 모든 DB는 소중하게 사용한다

상담 후 계약으로 이뤄지지 않았어도 내 이름과 소속을 문자로 남겨두자. 다시는 전화하지 않을 것처럼 하는 것이 제일 바람직하지 않다. 고객이 정말 필요할 때 나를 찾기 쉽게 해두고 소통하면 다음 상담 시 좀 더 수월한 상담을 할 수 있다.

① 종류별, 직종별, 가입상품별로 구분하면 좋은데 대부분 갖고 있는 상담 관리시스템에서 여러 종류로 분류해서 추출하자.
② 선입선출(先入先出) - 먼저 들어온 DB를 소진하고 이관될 DB를 먼

저 소진하자.

③ 새로 받은 DB는 무조건 접촉이력을 남겨 둔다. 상담원들과 DB 소유권 분쟁 시에도 통화를 미리 해놓은 이력이 있으면 소유권 주장에 유리한 편이다. 받은 DB에는 이름을 쓰듯이 통화해서 간단한 인사라도 해두어 상담기록을 남겨두자.

④ 접촉안 한 고객이 없도록 하며 최소 2~3개월 주기로 접촉한다.

자주 보면 정드는 것처럼 고객들도 목소리지만 익숙해지면 안심하게 되고 우리의 이야기가 귀에 들리게 된다. 자주 안부를 묻고 도와드릴 일이 없는지 소통하며 오랜 기간 연락이 안 되는 일이 없도록 주기적으로 접촉한다.

⑤ DB는 나만의 것이 아니다.

DB는 내 것이 아닌 회사의 것이다. 간혹 상담원 간에 서로 DB 문제가 겹치는 경우가 있는데 서로 조금씩 양보하면 문제가 없다. 급여가 많은 사람이 적은 사람에게 양보하고, 신입이 선배에게 선배는 신입에게 양보해 주기도 하며 서로 배려하고 돕는다면 문제가 없다. DB는 돌고 돌기 때문에 내가 요번에 적게 받으면 다음에 많이 받게 되고 또 이번에 내가 배려하면 나중에 나도 배려받게 된다. 욕심 부리지 말자. 회사 것이지, 어차피 내가 소유권을 영원히 받은 것이 아니다.

05.
낭독의
발견

낭독의 발견

우리는 업무시간 중 2시간에서 많게는 5시간까지 아니면 그 이상도 고객과 전화상으로 소통을 해야 한다. 물론 이 말은 스크립트를 읽는 것일 수도 있고 고객과 대화를 할 수도 있으며 생생한 느낌을 주기 위해 연기를 해서 재연해야 하는 부분들도 있다. 또 어색한 분위기에서는 개그맨도 되어야 하고 아나운서처럼 정확한 정보전달력도 중요하다. 그래서 늘 연구해야 하는 것이 낭독법이다.

이 책에서는 꼭 스크립트를 읽는 것만 지칭하는 것이 아니라 전화 상담에서 소통의 수단이되는 모든 것을 지칭해보겠다. 우리는 기본적으로 스크립트를 기반으로 업무를 하기 때문에 잘 읽기만 해도 급여를 받을 수 있는 직업이다. "어떻게 하면 고객에게 잘 전달할 수 있을까? 어떤 단어가 발음이 안 되니까 다른 단어를 넣으면 고객이 편하게 들리겠구나" 하면서 늘 생각하고 발전해야 한다.

멋진 목소리가 없다고 또 연기력이 부족하다고 실망할 필요는 없다. 우리가 말하는 법을 배우는 이유는 고객과의 소통을 위함이고 상품의 장점을 부각하고 청약을 돕기 위해 효율적인 부분에서 필요한 것이지 성우처럼 훌륭한 목소리를 가지기 위함은 아니라는 것이다. 옆 동료와 비교해서 자신의 목소리나 말하는 법을 판단하지 말자. 사람마다 개성이 있듯이 그 개성이 존중될 수 있는 곳이 콜센터이다. 쇳소리가 나는 목소리를 가졌다고 혀가 짧다고 절대 주눅 들거나 기죽지 말자. 오히려 특색 있는 목소리로 고객에게 인식돼서 자기 PR에 도움이 된다. 예전 신입 중에 쇠를 못으로 긁어내는 것 같은 목소리를 가진 사람이 있었는데 사실 처음에는 어려워 보였다. 나부터가 일반적이지 않던 그녀의 목소리가 생경했다. 하지만 일반적이지 않던 그녀의 목소리를 기억해서 고객이 그녀를 찾을 때면 '그 쇳소리 나는 목소리 가지신 분'이라며 이름은 기억 못해도 목소리를 기억하는 상황이 생기기도 했다. 비록 쇳소리가 나는 목소리는 가졌지만 누구보다 고객을 위하는 마음과 정확한 전달력으로 늘 높은 급여를 받는 그녀였다. 목소리가 비호감이라도 그녀의 말투는 누구보다 다정하였으며 다른 상담원들의 두세 배로 노력해서 금융 지식으로 고객들에게 많은 도움을 준 그녀였다. 남들이 다 불리하다고 하는 조건이었지만 열심히 노력해서 성공했다. 지금도 인생을 살아가면서 참 힘들어질 때면 남들이 다 안 된다고 했던 그녀를 떠올린다.

세상에 힘든 것은 있어도 안 되는 것은 없다고 했다. 그녀를 보고 하는 말 같다. 하지만 우리의 업무는 전화상의 업무이고 때로는 짧은 시간 안에 많은 정보를 전달해야 하므로 자신만의 스타일에서 고객에게 다가가기 쉽게 다듬을 필요는 있다. 묻지도 따지지도 말고 고객에게 좀 더 가까이 다가가겠다는 마음으로 본인의 스타일을 다듬어 나가자.

1) 낭독 자세

① 모니터와 고개는 평행이 되도록 하는 것
  이 좋다.
② 허리를 세우고 스크립트는 손에 드는 것
  이 편하다. 손짓을 해서 말을 하면 보이
  지 않아도 편안하게 상대에게 전달된다.

<그림 17> 낭독하는 바른자세

－ 마이크는 턱을 향하게 한다. 입을 향하
  게 할 경우 상담 시 바람 소리가 많이 들어간다(기기마다 다를 수도
  있음).
－ 볼륨 조절을 해본다. 지인에게 전화를 걸어 목소리는 잘 들리는지 잡
  음은 잘 들리지 않는지 물어서 음량 조절 및 전화 상태를 확인한다.

2) 복창하기

중요한 이야기를 할 때는 (숫자, 주소 등) 들리는 대로 적지 말고 복창
후에 적는다.
  예를 들어 청담빌딩을 이야기할 때 '청명할 때 청, 담대하다 할 때 담 맞
습니까?' 이렇게 단어를 확인시킨 뒤 기록한다.

* 주의사항
예를 들 때 부정적인 단어 사용은 자제하는 것이 좋다.

거연산업일 경우 '거지 할 때 거, 연체 할 때 연 맞습니까?' 보다는 '거울 할 때 거, 연꽃 할 때 연 맞습니까?' 부정보다 긍정으로 진행한다.

3) 포인트를 기록해서 외우자

스크립트에 강조할 곳, 띄어 읽어야 할 곳 등 포인트를 기록해서 외우는 것이 도움 된다. 내용을 다 외운 뒤에는 실제로 상대에게 말하듯이 연습하면 상담할 때 자연스러워지는 것을 느낄 수 있다.

4) 카멜레온이 되어보자

때로는 라디오 디제이처럼 때로는 지하철 물건판매상처럼 때로는 아나운서처럼, 내레이터처럼, 쇼호스트처럼 그들의 말하는 스타일을 공부해서 적제적소에 활용해보자.

라디오 DJ	다정한 친구처럼 일상을 물을 때
아나운서	소속을 이야기하거나 규정을 이야기할 때
쇼호스트	상품의 셀링 포인트를 이야기할 때
성우 연기자	다른 고객의 사례를 실감나게 이야기할 때
지하철 판매상	간단하고 쉽게 이야기하며 계절감 있게 할 때(겨울에는 겨울상품, 여름에는 여름상품)

5) 말에도 기가 있다

전화로 고객들을 만나지만 목소리를 통해서 기가 전달된다고 믿는다. 보이지는 않지만 신입직원의 간절한 마음이 고객에게 전해져서 기계적으로 일하는 선배들보다 계약이 잘 나오기도 한다. 눈을 마주보고 대화하는 것은 아니지만 전화선 너머로 따뜻한 마음도 통하고 즐거움도 통하고 '쿵' 하면 '짝' 하는 고객을 만나기도 한다.

모두 대면하지 않고 이뤄진다. 그래서 얼굴을 보지 않기 때문에 한 마디 한 마디에 힘을 실어야 한다. 그래서 긴 통화를 끝내면 기진맥진하는 선배들을 본 적이 있을 것이다. 계약을 한다 안 한다 줄다리기를 상담원과 고객 서로 하기 때문에 체력소모가 대단하다. 기가 빠진다.

그래서 신입 때일수록 바른 자세와 바른 마음으로 전달해야 한다. 내가 건성으로 이야기하면 고객에게 금방 탄로 난다. 진짜 도움이 된다는 마음으로 전달하면 그 마음을 느끼는 것도 사람인 고객이다.

6) 사투리

간혹 교육에 들어가 보면 신입직원들의 걱정을 듣게 되는데 그중에 가장 많은 것이 사투리에 대한 부분이다. 물론 팔도사람들을 다 상대하는 콜센터에서 기준이 되는 표준어를 쓰는 것이 좋긴 하지만 꼭 그래야 할 필요는 없다.

사투리를 쓰면 같은 지역 고객에게 동질감도 줄 수 있고 본인의 개성이 될 수도 있다. 소통이 안 될 정도가 아니라면 고치라고 하지 않는 편이다. 오히려 사투리 쓸까봐 조마조마하다 본인 할 말 못 하는 것보다는 사투리 속에서 알찬 상담이 더 중요하기 때문이다. 진지하게 진정성 있는 상담이 중요하지, 사투리는 흠이 아니라는 점을 다시 말하고 싶다.

7) 말의 속도

로봇이 아닌 이상 사람이라는 동물은 당황하거나 급해지면 말이 빨라지거나 생각하면서 말할 경우 말이 느려지기 마련이다. 센터 생활도 적응하기 힘든 신입에게 말까지 속도 조절해서 하라고 하면 다들 스트레스로 업무에 대한 흥미를 잃을 것이다.

간단한 방법은 본인의 말 속도를 고수하되 강조하고 싶은 부분에서는 입모양을 좀 더 확실히 해서 천천히 크게 말하거나, 고객과의 이야기 중에 과열이 되면 잠시 침묵한다거나 속도를 적절하게 사용하는 것이다.

구분하기 어렵다면 먼저 숫자를 이야기할 때는 천천히 말해보자. 어떻게 말할까를 꼭 연구할 필요는 없지만 사람은 단어의 뜻보다는 말투의 느낌으로도 반응한다는 연구결과가 많으므로 이 사실을 염두에 두고 강조할 곳, 집중해야 할 곳을 스크립트에 표시해두고 말하는 연습을 해야 한다.

그리고 나중에는 상대방의 속도에 맞춰서도 말하게 되는데 말이 빠른 사람한테는 빠르게 느린 사람에게는 느리게 맞춰서 하면 소통에 도움이 될 수 있다.

〈한번 더 신경쓰기〉

① 숫자는 천천히 말한다.

② 말이 **빠른** 사람에게는 빠르게 느린 사람에게는 느리게 응대한다.

③ 목소리 톤 - 긍정적인 메시지의 경우 평소 음정대로 하거나 한 톤 올라간 음정으로 말하고 안타까운 메시지의 경우 한 음정 낮은 목소리로 이야기한다.

④ 때로는 연기할 수 있어야 한다. 기분이 안 좋아도 상냥하게 응대하는 것이 프로이다.

⑤ 이야기할 때는 상냥한 목소리가 좋은데 거울을 보며 미소 지으면서 상담하는 것이 방법이다.

⑥ 얇은 목소리라고 해서 신뢰가 안 가는 것은 아니지만 요새 추세는 저음 목소리를 선호하는 경우가 많다. '솔' 음정의 상냥한 목소리보다는 저음 목소리가 신뢰를 주는 편이다. 만일 목소리에 변화를 주기 힘든 경우에는 말투나 단어 선택을 최대한 정중하게 하는 것이 좋다.

⑦ 끊어 읽기 - 스크립트가 완성되었으면 연필로 숨을 참고 읽어야 할 곳, 숨을 쉬고 읽어야 할 곳을 정해야 한다.

예 1) 아버지가^방에^들어가신다.

　　아버지^가방에^들어가신다.

예 2) 유아인^성교육

　　유아^인성^교육

미리 끊어 읽을 곳을 표시해야 한다. 보통 강조해야 할 곳에서는 한 숨 쉬고 들어가는 경우가 많다.

예 3) (숨 쉬고)두 배를 드립니다.

(숨 쉬고)일억 원이 됩니다.

OX 퀴즈

[Q] 고객질문 시 확정멘트를 해도 되나요?

[A] X.
자료에 근거한 것이라도 '대략 ~되실 것 같습니다', '○○○이 예상됩니다', '약 ○○입니다' 라고 이야기해야 한다. 확정멘트는 내가 책임질 수 있을 때 틀려도 내가 보완해줄 수 있는 범위 내에서 해야 한다.

8) 녹취 스크립트 낭독법

우리는 집이든 차든 구매를 결정하면 계약서라는 것을 작성한다. 하지만 직접 만나지 않는 다이렉트상품은 녹음으로 보호된다(필요에 의해 청약서를 우편이나 팩스로 받곤 한다). 직접 만나서 청약서 나 계약서를 작성하는 일 없이 금융감독원의 지침에 따른 녹취 스크립트를 읽고 동의를 받음으로써 법적 효력이 발생된다. 하지만 이 스크립트는 많게는 5~6장짜리도 있고 최고 20분 이상 소요되기도 한다. 그래서 힘든 설득의 과정을 거치고도 녹취 스크립트를 읽는 과정에서 고객의 거절을 받기도 한다. 사실 여기서 거절이 되면 다시 다음 상담으로 마음을 추스르고 들어가는데 꽤 오랜 시간이 걸리기도 한다. 그렇기 때문에 녹음 시작 전 고객에게 양해를 충분히 얻고 최대한 신속하게 끝내야 한다.

* Tip

① 녹취스크립트를 읽기 전 고객이 마음에 들어 했던 점이나 셀링 포인
트를 요약해서 3가지 정도로 간략하게 설명한다. 지금부터는 회사에
서 정해 준 스크립트를 읽어갈 것이라고 이야기한다. '고객님께서도
보호 받을 수 있고 제가 실수하는 것을 방지할 수 있습니다'라고
이야기한다.

② 대략의 소모시간을 설명한다. '5~10분 내외입니다. 빨리 끝내겠습니다.'

③ 중간에 질문을 하는 고객 – 간단히 답할 수 있는 것은 신속하고 정
확하게 대답하고 길어진다면 '고객님 스크립트 다 읽어 가는데요. 마
저 읽고 설명 드릴게요. 괜찮으세요?'라고 최대한 유도한다. 만일 강
하게 거부한다면 주위환기로 니즈를 설명한 후 이어 가도록 한다.

④ 중간에 너무 길다고 듣기 싫어하는 고객 – '맞아요, 고객님 너무 길
게 느껴지시지요? 저도 이게 이렇게 길다 보니까 목이 아프고 일하기
힘들어요. 다 읽어가고 있으니 잠깐만 도와주시면 안 될까요? 빨리
끝내겠습니다'라고 부탁드려본다.

⑤ 중간 중간 '거의 다했습니다. 마지막입니다. 요것 하나만요'라고 말씀
드려 최대한 빨리 끝내서 지루해하시거나 언제 끝날지 몰라 불안해
하지 않도록 한다.

⑥ 30cm 자를 활용하자. – 스크립트의 글씨가 작고 분량이 많다 보니
읽다가 헷갈리는 경우도 있고 중간에 고객이 질문이 있으시면 어디
까지 읽었는지 몰라 같은 곳을 두 번 읽는 경우도 있으므로 꼭 자를
대고 읽도록 한다.

9) 낭독 연습법

(1) 낭독 마사지

① 따뜻한 손으로 입 주변을 시작으로 얼굴 마사지를 하며 근육을 풀어
  준다.
② 따뜻한 손으로 귀를 비빈다.
③ 따뜻한 손으로 목 전체를 마사지한다.
④ 성대를 중심으로 근육을 풀어준다.
⑤ 미지근한 물을 수시로 마신다.

(2) 발음 연습

아래 문장을 정확히 발음하고 초를 재서 점점 시간을 줄여간다.

① 칠월칠일은 평창친구 친정 칠순 잔칫날
② 고려고 교복은 고급교복이고 고려고 교복은 고급원단을 사용했다.
③ 저기 가는 상장사가 헌 상장사냐, 새 상장사냐?
④ 대우 로얄 뉴로얄
⑤ 한국관광공사 곽진광 관광과장
⑥ 생각이란 생각하면 생각할수록 생각나는 것이 생각이므로 생각하지
  않는 생각이 좋은 생각이라 생각한다.
⑦ 간장공장 공장장은 강공장장이고 된장공장 공장장은 장공장장이다.
⑧ 김서방네 지붕위에 콩깍지가 깐 콩깍지냐, 안 깐 콩깍지이냐?
⑨ 앞뜰에 있는 말뚝이 말 맬 말뚝이냐, 말 안 맬 말뚝이냐?

⑩ 내가 그린 기린그림은 잘 그린 기린그림이고, 네가 그린 기린그림은 잘못그린 기린그림이다.

⑪ 경찰청 쇠창살 외철창살, 검찰청 쇠창살 쌍철창살

⑫ 안촉촉한 초코칩 나라에 살던 안촉촉한 초코칩이 촉촉한 초코칩 나라의 촉촉한 초코칩을 보고 촉촉한 초코칩이 되고 싶어서 촉촉한 초코칩 나라에 갔는데 촉촉한 초코칩 나라의 문지기가 "넌 촉촉한 초코칩이 아니고 안촉촉한 초코칩이니까 안촉촉한 초코칩 나라에서 살아"라고 해서 안촉촉한 초코칩은 촉촉한 초코칩이 되는 것을 포기하고 안촉촉한 초코칩 나라로 돌아갔다.

(3) 발성

'아에이오우'를 크게 배에 힘을 주어 소리 내서 외쳐본다.

(4) 녹취 스크립트 읽기

업무 전에 읽고 시작하면 중요한 순간에 당황하지 않을 확률이 높아진다.

06.
화법

화법

국어사전의 화법의 의미는 말하기에 쓰이는 일반적이며 특수한 모든 방법이다.[10]

사실 화법은 연구하는 학자들도 많고 이들이 내놓은 자료들도 참 다양하다. 하지만 이 많고 많은 학문적 근거들과 주장들이 입을 모아 하는 이야기는 한 가지로 통일된다. 바로 말하는 이와 듣는 이의 소통이라는 점이다. 일상생활 속에서 화법은 빼놓을 수 없는 인생 사는 중요한 방법 또는 수단이 되기도 한다. 말속에 우리의 삶이 연결되어 있다. 말 한 마디를 하더라도 예쁘게 하는 사람은 사회 어디에서도 환영받는다.

더군다나 금전적인 계약관계 속의 화법의 존재감은 절대적이다. 하지만 우리가 유념해야 할 점은 모순적이게도 화법을 설명하고 있지만 말은 기술적으로만 전달하려면 안 된다는 것이다. 사람은 육감이라는 것이 있어서 직감적으로 진심인지

---

10)　출처: 화법[話法], 『국어국문학자료사전』, 한국사전연구사(1998).

아닌지 느낌으로도 알 수 있다. 고객에게 우리의 상품이 고객의 삶의 질을 높여 줄 수 있다는 나의 확신 안에서 제안해야 하고 마음으로 다가가야 하는 것이다. 사실 이것이 기본적으로 되어 있는 신입은 화법의 습득력도 빠르고 화법을 몰라도 진심이 전달되면 계약은 나오게 되어 있다. 우리가 친구를 사귈 때나 연인을 만날 때 어떤 공식을 갖고 대화를 이뤄갔는가? 물론 삶을 살아가면서 터득한 처세는 사용될 수 있겠지만 모두 그렇게 인간관계를 만들지는 않는다.

중요한 것은 마음과 마음의 통함이다. 소통은 어떻게 이뤄지는 건지 과학적으로 설명할 수 없고 인위적으로 만들 수 없다. 이런 마음이 바탕이 되는 가운데 좀 더 효율적으로 고객에게 전달할 수 있는 방법을 모은 것이 상담에서의 화법이 되겠다. 그리고 소통 없는 좋은 혜택은 받고 싶어 하는 이가 없고 신뢰 없는 말재간으로 이뤄진 계약관계는 사후에 틀어지게 되어 있다.

사실 필자는 오랜 기간 하루 백 명 이상의 고객을 전화상으로 만나면서 쌓은 노하우로 누구나 쉽게 뜻한 바를 전달할 수 있고 듣는 사람도 편한 방법을 모아 놓았다. 전적으로 실전에서 쌓은 경험들을 옮겨 놓았기 때문에 학문적 부분에서는 분명 부족한 사항들도 있을 것이다. 하지만 하나라도 업무에 도움이 되고 그대의 급여가 오르는 부분에 도움이 되며 그대의 인생에 좋은 시작이 될 수 있는 작은 시작점이 되길 기도하며 준비했다.

1) A=A′

우리는 비교하는 것을 참 좋아한다. 우리 어머니들은 옆집 아들과 딸을 비교하기 좋아하고 마트에 가서 사과를 사더라도 좀 더 색깔 좋고 달콤하며 싼 사과를 고르려고 노력한다.

우리는 비교가 일상이다. 그래서 청각으로 상품설명을 할 때 가장 좋은 방법은 비교법이다. 그 이유는 두 가지인데 첫 번째는 기존 사실과 현재 사실이 다르다는 차이점을 이야기하기 위함이고 두 번째는 현재 장점을 강조하기 위함이다. 이미 알고 있는 사실을 상기시키면 새로운 사실을 설명해야 하는 에너지를 줄일 수 있고 알고 있는 사실에 차이점만 이야기하면 되서 설명 시간도 단축된다. 이 화법의 중요성은 반복해도 지나치지 않다. 이 방법으로 억대 연봉을 만들었다 해도 과언이 아니다. 이때 고객이 선택한 방식을 칭찬하는 것이 좋다.

* 칭찬합시다!

우리들 중 어느 누구도 자신의 선택이나 결정이 틀렸다는 말은 듣기 싫다. 반대로 자신의 결정이 옳았다는 것은 안도감과 기쁨을 준다. 고객과의 충분한 교감 후 현재 운영하고 있는 재테크 방식이나 소유한 상품의 장점이 있으면 격려의 칭찬말씀을 드리는 것도 좋다. 옳은 결정을 했다는 분위기 속에서의 상담은 새로운 결정을 내리는 것에도 큰 도움이 되기 때문이다.

〈그림 18〉 금액할인: 100,000원 → 50,000원

- 항상 이야기하고 싶은 상품의 장점에 비교되는 대상을 앞에 이야기한다.

작은 숫자 뒤에 큰 숫자, 불편한 점 뒤에 편리해 진점을 비교해서 그 차이를 고객에게 장점을 부각시키는 방법이다.

예 1) "전에 하시던 상품은 3%인데 지금 안내해드리는 상품은 3%보다 높은 4%를 드립니다."

이러면 4%만 이야기할 때보다 앞에 3%를 먼저 이야기하면 큰 관심 없게 듣던 고객들도 1%인상되어 혜택이 전보다 좋아졌다고 생각하게 된다.

예 2) "전에는 상해보험기능이 없었잖아요.

현재는 다 똑같은데 상해보험기능이 추가됐어요.

병으로 아플 때뿐만 아니라 다쳤을 때 수술비와 입원비보장으로 안심할 수 있어요."

예 3) 마트에서 물건을 살 때 귤 한 박스가 기존가격 3만 원 – 현재가격 2만 5천 원

물건을 사게 되면 기존보다 5천 원이나 싸게 사는 혜택이 오게 된다는 정보를 주게 된다.

또 물건이 2만 5천 원만 적혀있을 때보다 3만 원이 앞에 있으면 더 비교된다.

예 4) 집 앞 공터에서 두 명의 상인이 리어카 한 대씩 해서 귤을 판매했었다. 그런데 재미있는 것은 한 곳은 만 원에 8개를 주고 다른 한 곳은 만

원에 10개를 주었다. 물건도 가까이 가서보니까 8개 파는 곳이나 10개 파는 곳이나 다름이 없었는데 필자도 10개 파는 곳에 가서 훨씬 싸게 샀다는 승리감에 우쭐된 적이 있었다. 그러나 반전이 있었는데 이 두 리어카 모두 한 집이었다. 나는 처음 살 마음이 크지는 않았지만 두 곳을 비교하다가 왠지 이득이 된다는 느낌 하에 귤 한 봉지를 사게 되었고 더군다나 싸게 샀다는 마음까지 들게 되었다. 지금 생각해도 사장님의 전술에 박수를 보내고 싶다. 우리도 이 사장님을 생각해보며 상담에 접목해보자.

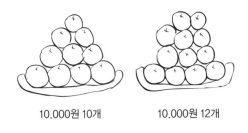

10,000원 10개   10,000원 12개

〈그림 19〉 리어카 상인의 전술

2) 감성화법 – 이성보다 감성

과거에는 상품의 기능적인 부분을 강조해서 장점만 부각시켜 판매하던 시절도 있었다. 하지만 보험업계뿐만 아니라 전반적인 산업들의 경쟁이 치열해지고 고객들의 소비결정 경험이 올라가면서 요즘은 이성적으로 기능적인 부분 소개에 초점을 맞추기보다는 감성적 호소가 고객들의 선택을 이끌어내는 편이다. 덴마크의 코펜하겐 미래학연구소 소장인 롤프 옌센이 저술한 『드림 소사이어티』의 서두엔 '꿈과 감성을 파는 사회'라고 적

혀 있다. 현대는 많은 자원들이 풍부해져서 물질로써 어떤 의미를 찾기보다 감성에 의해 그 결정이 이루어진다고 했다. 우리가 결정을 내릴 때 이성과 감성이 결정에 끼치는 영향력이 이성1 대 감성9라고 한다. 특히 요즘처럼 정보의 홍수 속에서 많은 정보와 경험이 많은 고객들에게 상품의 장점을 부각하기 꽤 어려워졌는데 이때 이성보다 감성호소를 하면 좀 더 효율적으로 다가갈 수 있다.

1980년대 현대 소나타 방송 광고[11]
(기능적 장치 부각: 차의 기능적 장치들이 부각되었다.)

---

11)　이미지 출처: 소나타 광고. http:blog.naver.comimpactcar10186954642

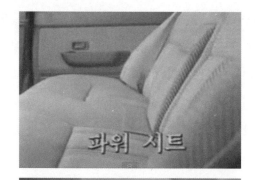

2014년대 소나타 선전[12]

(감성적 호소: 비오는 날의 감성에 초점을 맞췄다.)

12)   이미지 출처: 소나타 광고. http://blog.naver.com/777gkdud/220209419833

소나타의 2014년 광고영상에서는, 광고가 시작되면 비가 땅에 내리는 소리, 드뷔시의 달빛을 연주하는 피아노선율, 차에 빗방울이 부딪히는 소리, 앞 유리에 흐르는 물방울이나 비 오는 날 알록달록한 우산을 들고 뛰어가는 행인들을 보여준다. 이성적 사고를 도와주는 기능설명들 대신 청각과 시각을 자극시키는 장면들이 비 오는 날의 풍경을 아름답게 담아내며 감성적 오브제들 사이에 '소나타는 이렇게 타는 겁니다'라는 세련된 문구로 하나만으로 깊은 여운을 준다.

3) 뭐가 좋아지는지?

"이 상품으로 고객님 댁에 5천만 원이 생기시면 은퇴하셨을 때 온 가족이 해외여행 다녀오셔도 되는 금액이에요. 한 번은 일생에서 온가족이 추억 남기고 싶잖아요. 국내도 좋지만 사실 여행은 비행기 타야 제맛이죠."

"4~50대 되시면 지금보다 더 좋은 차 타셔야죠. 20대랑 같은 차 타시면 안 되잖아요. 그때 사용할 수 있는 비용이 될 수도 있습니다."

4) 행복한 상상

"보험은 한번 시작하면 10년이 금방인 것이 저의 고객님을 제가 2000년도 중반에 계약해드린 분이 계신데요. 매달 저축보험을 넣기 시작해서 올해 만기가 되신 분이 있으세요. 만기 축하드린다고 전화 드렸는데 한참 통화가 안 되서 걱정했더니 그 돈으로 자녀분 유학에 필요한 기반 닦아주고 오셨다고 외국에 계시느라 통화가 안 된 거였어요. 우리나라에서 적응 잘 못 하던 아이인데 외국 나가서 자유롭게 예술 쪽 공부하느라 표정까지 밝 아졌다고 어머니가 참 좋아하시더라구요~ 힘들어도 매달 조금씩 아껴서 시작하기 잘했다고 뿌듯해 하시더라구요."

5) 가치설득

가치설득은 맞교환할 수 있는 가치를 제시함으로써 고객의 결정을 도와 주는 것이다. 고객이 지불하면 누리게 되는 즐거운 일, 행복한 일을 상상 하게 한다.

"홈쇼핑에서 갈비세트 판매 예시"

갈비가 좋다고 이야기를 직접적으로 많이 하지 않는다. 고기색깔이 어 떤지 몇 등급인 자주 언급이 없다. 단 이 많은 갈비를 구매하면 오랜만에 가족이 모여서 넉넉한 양으로 가족모임을 해서 간만에 돈독한 정을 쌓으 라고 이야기한다.

영상 – 30분 내내 갈비 뜯는 어린이, 노인, 부부들만 보여준다.

고객 – '아 넉넉한 양으로 온 가족이 모여서 좋은 시간을 가질 수 있겠 구나. 내가 고기를 사면 온 가족이 모여서 행복한 시간을 가질 수 있겠구 나. 그럼 저 많은 갈비로 가족들과 좋은 시간을 함께 해야지'라고 생각하 게 된다.

6) 과잉친절 No

요즘은 친절이 부담이 되는 세상이다.

세일즈의 고수들을 보면 공통점이 있는데 무조건 친절하지 않다는 점이다. 친절해서 고객의 마음을 사로잡아야 하는 사람들이 친절과 거리가 먼 이유는 무엇일까?

기억해야 할 것은 우리는 어릴 적부터 교육을 받는 것이 있다는 점이다. 그것은 바로 낯선 사람을 조심하라는 것이다.

예전에 한 선배가 사기꾼은 모두 웃는 상이라고 말씀하신 적이 있다. 또 연애할 때도 도도한 상대가 계속 튕김 전법을 쓰면 더욱 매력적으로 보이고 신경 쓰고 싶지 않아도 신경 쓰게 되기도 한다. 크면서 자동적으로 입력되고 사회생활을 하며 더 발달되는 것이 위험할 것 같은 사람을 경계하는 촉이다.

부인이 갑자기 콧소리를 내면 남편은 긴장하게 된다. 돈을 달라고 하나?

선생님이 갑자기 부르셔도 학생은 긴장하게 된다. 잘못한 것이 없는데도 경직되기 마련이다.

상담에 있어서 상대방을 긴장하게 만들면 다음 진도가 나가지 않는다.

긴장을 풀게 하기 위해서도 뭔가 하려고 하는 것처럼 보이지 않는 것도 중요하다. 일단 친절하면 상대방은 나에게 뭔가 얻으려고 저러는 거 아닐까 하고 경계하게 된다. 경직된 분위기는 우리에게 도움이 되지 않는다.

물론 통화를 하면서 우리 쪽이 아쉬워해야 하는 상황인 것을 고객과 내가 알고는 있지만 괜히 저자세를 취할 필요는 없다. 약간의 도도한 태도는 상품의 값어치와 나의 가치를 올리는 데에 도움을 주기도 한다. 문제 없는 물건은 쌀 필요가 없다. 그래서 상품에 대해 깊은 공부를 하고 완벽하게 반론을 숙지하면 부끄럼 없는 나의 마음이 고객에게 전해진다. 그리고 이런 마음이 모여 청약으로 이어지게 된다.

7) 시각화

우리는 청각을 이용해서 원하는 바를 설명해야 하고 고객의 마음을 얻어야 한다. 말과 동시에 고객 머리에 그림을 그릴 수 있어야 하는데 스크립트도 중요하지만 상담원이 평소에 말로써 시각화하는 연습을 해두는 것이 중요하다.

지금 보고 있는 장면을 말 그대로 설명해본다.

예 1) 네모난 노트북으로 지금 상담을 유용하게 할 수 있는 안내서의 일부분을 작성하고 있다. 불은 꺼 놓고 스탠드만 켜서 주위가 어두워서 모니터에 집중은 더 잘된다. 노트북 팬 돌아가는 소리가 유독 크게 들리고 본체가 뜨거워지고 있다. 모니터는 회색이며 조명이 들어와 키보드는 더 아름답다.

예 2) 지금 자동차 뒷좌석에 앉아서 도로를 달리고 있다. 오른쪽으로는 간판들이 많이 있다. 노래방, 식당 심지어 고시원까지 한 건물에 있다. 한 10층 정도 되는데 건물은 낡았지만 위치가 좋아서 활기차 보인다. 건물은 하얀색 타일을 세로로 붙였는데 깨끗한 느낌이 들지 않지만 한눈에 알아보기 좋다.

자, 이렇게 상황설명을 자꾸 연습해서 보고 생각한 것을 자연스럽게 말할 수 있도록 해야 한다. 고객에게 이야기할 때는 상상할 수 있게 색깔이나 모양 등을 접목하여

'나중에 돈 많이 버셔서 파란 바다에 하얀 배 띄우셔서 선상파티도 하시고', '달콤한 초콜릿 같은 이자도 드리잖아요'와 같이 청각으로 시각을 연상시켜서 고객의 오감을 자극해야 한다.

이미 고객이 가지고 있는 정보(달콤한, 초콜릿, 파란 바다, 하얀 배)를 상상하게 함으로써 상담에 집중도를 더 올릴 수 있다.

8) 복잡한 것은 단순하게, 단순한 것은 기능이 많아 보이게

보통 복잡한 일이 생겼을 때 가장 기본적이고 단순한 것이 제일 좋은 방법이 된다. 사실 전화판매도 다른 영업도 고객에게 설명을 할 때 복잡하게 설명하면 일단 거부감을 느끼게 되어서 성공률이 떨어진다. 복잡한 것은 간단하게 설명하고 간단한 것은 여러 미사여구를 붙여 기능이 많아 보이게 설명한다. 이것이 잘되면 상품을 다양하게 판매할 수 있다.

9) 모든 기능을 다 사용할 필요는 없다

아무리 많은 상품의 장점이 있어도 강조하고 싶은 것 3가지를 꺼낸다. 상담하다가 그 외 것들도 풀어놓아야지 처음부터 10가지의 기능을 다 풀

어놓으면 고객은 머리 아프다. 또 요즘에는 너도 나도 다 바쁘기 때문에 구구절절 이야기를 다 듣고 있을 수 없다. 보통 한두 가지에 끌리면 결정 하는 편이다. 더구나 우리는 전화로 상담하고 있기 때문에 최대한 간단하고 효과적인 단어를 사용해서 고객의 관심을 끌고 끌어놓은 관심을 계약 으로 성사시켜야 한다.

10) 피자와 사과

나의 몫으로 다른 곳보다 많이 받게 된다(타사 비교, 타 상품 비교 시 사용).

예 1) "친구들끼리 피자를 먹을 때 3명이 먹을 때와 5명이 먹을 때가 제 몫의 피자가 어디가 더 많겠어요? 다른 회사 보험은 수술을 5종 분류로 나눌 때, 우리 회사는 3종으로 나눕니다. 당연히 3종으로 나누는 우리 회사가 고객님께 가는 혜택이 더 큽니다."
예 2) "사과 하나를 나누더라도 3명이서 나누는 것과 저 혼자 먹는 것 중 제 분량이 어디가 더 많겠어요?"

11) 비유법

성공한 사람일수록 이 비유법으로 말하는 것이 일상화되어 있다고 한다. 말하는 이와 듣는 이가 둘 다 공통적으로 알고 있는 사실을 현재에 빗

대어 이야기하는 방식이다.

질문) 입사해서 교육받는 것이 어떠냐고 물어본다면?
답) "지금 마음은 마치 초등학교에 처음 입학한 것 같은 마음입니다."
　"처음 남편하고 처음 연애하던 시절 같아요. 설레네요. 매일 아침 새로 태어나는 것 같아요."
일상생활에도 참고해보며 상담에도 접목해보도록 한다.

12) 원-윈

우리는 무조건적인 친절은 조심하라고 어릴 적부터 배워왔다. 그렇기 때문에 무조건적인 혜택이라고 이야기하기보다는 '고객이 잘해 주셔서 감사해서 해드리고 싶다', '연체가 없어서 감사해서 그런다', '오랜 기간 유지해 주셨지 않냐, 딴 데 가지 마시고 저희 회사 오시라고 해드리는 거다', '딴 데 가지 마시고 저희 회사 와서 해 주세요, 잘해드릴게요'라고 해본다. 그리고 '고객님같이 우수하신 분이 오시면 저희 회사도 자산이 안전하게 늘어나서 좋잖아요. 불안한 분들 오시는 것보다는 더 좋죠. 뭐 오세요. 잘해드릴게요'라고도 이야기해본다.
포인트는 고객님도 좋고 우리도 좋고, 어느 일방적인 사람만 좋고 나쁜 것이 없다는 느낌으로 진행해야 한다는 점이다.

13) 뜬금포 전법(분위기를 환기하거나 고객이 해결 안 되는 질문 등을 했을 때)

뜬금포: 주로 야구에서 기대 안 한 선수나 기대 안 했던 시기에 뜬금없이 나오는 홈런을 이르는 말.
기대도 안했던 선수가 홈런을 치니 얼마나 놀랍다는 것일까. 분명 넋 놓고 있다가 어 하고 입이 벌어질 것이다.

뜬금: [명사] 일정하지 않고 시세에 따라 달라지는 값.

누구나 당해보았을 장난 중에 남대문 열렸다 하면 상대가 고개를 숙이고 바지지퍼를 보면 아닌 것을 알고 허탈한 표정을 지을 때 '인사 잘하신다' 하고 놀린 적이 있을 것이다. 또는 당해보았다거나, 사람이 갑자기 놀라게 되면 잠시 생각을 멈추게 된다. 보통 뜬금포는 도입에서 많이 쓰인다. 보통 도입에서는 거절을 많이 받게 되는데 이럴 때 뜬금포 전법을 사용하면 자연스러워지는 경우가 많다. 대부분 인사 도입이 일반적인 순서인데 갑자기 상품 안내를 하거나 갑자기 '서울 전화 많이 안 받으시죠?'라든가 다른 의외의 이야기를 하면 고객이 당황하시다가 끊을 수 없게 되는 경우가 많다.

14) Yes but

고객의 의견을 존중하며 동조하고 그에 반하는 본인의 의견을 제시해본다.

(주의: 고객의 말씀이 끝나기 전에 본인의 의견을 이야기하거나 말이 끝나기도 전에 본인의 할 말을 하면 안 된다. 꼭 고객의 말씀을 경청하고 진행한다.)

화법계의 조상쯤 되신다. 가장 기본이 되는 화법이기도 하고 제일 많이 사용하기도 한다.

"고객님 맞습니다. 하지만 ○○(본인의견)"
"네, 그렇죠. 근데요~ ○○(본인의견)"
고객의 의견에 동의한 후 반론을 펼칠 때 사용한다.

필자도 업무를 오랜 시간 하다 보니 말버릇이 생겼다. 바로 '때문에', '그렇기 때문에'이다. 고객과 상담 후 설득을 하려면 근거를 들어야 하는데 항상 의견제시 후 근거를 들어 설득하다 보니 얻게 된 습관이다. 심지어 생활 속에서 지인들과 대화를 할 때도 주장을(간단한 메뉴를 주문하는것도 포함) 대변할 수 있는 이유를 이야기한다. 그러면 상대방에서는 무리한 주장이다라고 받아들이기보다 무의식 중에서도 이유가 있어 그렇구나 하며 의견수용이 잘될 확률이 높아진다. 잘 기억해 두었다가 의견제시 후 활용해 보도록 하자.

15) 미러링

고객이 하신 말씀을 그대로 이어받아서 복창한다. 자연스러운 의견동의가 가능하고 다음 대화를 이어가는 데 유리하다.

"여유가 없어서요." → "여유가 없는 분들이 하셨던 이유는~"

"귀찮거든요" → "귀찮으셨죠? 그래도~"

"나갔다왔어요." → "나갔다 오셨어요?"

16) I, You 메시지

이야기의 중심이 내가 아닌 상대가 되어서 이야기하는 것이다. 역지사지(易地思之)이다. 상대의 입장에서 이야기하는 것으로 보통 민원상담에서나 불만 고객 응대 시 고객의 입장이 되어 생각하고 활용해본다.

예) "제가 지금 너무 화가 납니다. 배달이 너무 늦어서 기다리다 일도 제대로 마치지 못했다구요." (배달이 지연돼서 화가 난 고객)

"맞습니다. 고객님 제가 고객님의 입장이었더라도 너무 화가 났을 것 같습니다. 저희가 고객님께서 바로 일을 마칠 수 있도록 신속하게 배달했어야 하는데 저희 측의 불찰로 불편하게 해드렸습니다. 죄송합니다." (O)

"맞습니다. 죄송합니다. 저희 직원이 늦게 도착했습니다. 오늘 택배기사님들이 일이 많이 밀려서 늦어졌다고 합니다. 양해해 주시면 감사하겠습니다." (X)

17) 오동나무와 소나무

옛날에 집안에 아이가 태어나면 뒷동산에 나무를 심었다고 한다. 딸이 태어나면 오동나무를 심고 아들이 태어나면 소나무나 잣나무를 심었다. 오동나무를 심은 이유는 가구를 만들기에 가장 좋은 목재이기 때문이다. 대략 20년이면 좋은 목재로 성장하는데 시집갈 때쯤에 성장한 오동나무로 장농이라도 제대로 해 주기 위해서였다고 한다. 또 아들이 태어났을 때 소나무나 잣나무를 심은 이유는 집안을 이어가는 종손들의 관을 짜주기 위해서였다. 소나무나 잣나무는 수명도 길고 관을 짜기에 좋은 목재이기 때문이다.

상기 내용으로 보험 상품설명 시 좋은 예를 만들 수 있는데 보통 보험 상품의 경우 장기적 운영상품이 많은 편이라 기간적인 부담을 많이 느껴 설명에 애를 먹는다. 하지만 장기운영은 안전하고 복리효과를 누리기에 좋아 필히 이 점을 잘 설명할 필요가 있다. 이때 설명하면 좋은 것이 오동나무 화법이다.

① 아이 보험 설명 시
- '예전부터 어른들이 아이가 태어나면 뒷동산에 나무를 심었어요. 특히 오동나무는 딸 시집보낼 때 썼는데 한 20년이면 장농 하나 만들수 있게 큰다고 하네요. 그래서 태어나자마자 미리 시집 밑천을 마련해 준 거라고 하더라구요. 태어나자마자 시작할 때는 작은 씨앗 한개였지만 아이가 크면서 나무도 같이 크잖아요. 작은 씨앗도 아이가 커가면서 큰 나무가 되어 있을 거예요. 선조들의 지혜에서도 엿볼 수 있듯이 시간의 힘은 대단하죠.'

– '해맑게 뛰어노는 우리 아이의 미래를 지켜줄 수 있는 상품이에요. 우
리 아이의 눈을 한번보세요. 하고 싶은 일들로 가득 차 있잖아요. 우
리 왕자님(공주님)은 꿈이 무엇인가요? 우리 아이가 하고 싶은 일이
있을 때 고객님 돈이 없으시지 않으시겠지만 (저도 아닐 거라 생각하
고 싶어요) 혹시라도 모를 나중을 대비해서 하루라도 빨리 아이의 든
든한 교육비 마련을 시작하시는 게 중요해요.'

18) 기간 설명 시

보통 보험사의 납입기간은 짧게는 1년부터 20년, 100세까지 납입하는
데 부담으로 다가올 때가 많다. 이때 적용하면 좋은 것이 월드컵 화법이
다. 대한민국 사람이라면 누구나 기억하는 행복했던 그 시절 말이다.

예) 상담원: "납입기간은 20년입니다."

고객: "네? 20년이요? 20년 동안 돈을 어떻게 내요."

상담원: "20년은 인간이 경제활동을 하는 가장 짧은 기간입니다. 우리 부
모님도 지금까지 일하시잖아요. 또 2002년 월드컵 때 뭐하셨나요? 그때가
벌써 10년 전입니다. 엊그제 같지 않으세요? 시작이 반입니다. 금방이에요."

19) 협상톤

계약을 불도저처럼 밀어붙이면 되던 시절도 있었다. 상담원의 일방적인 의견이 받아들여져서 계약이 되던 시절이다. 하지만 요즘은 어림도 없는 소리다. 청약 순환표를 수십 번 반복하고 충분한 소통이 되어야 한다. 고객 삶의 부족했던 부분을 우리의 상품으로 채울 수 있을 때 청약도 성사된다. '고객님 이렇게 하는 것은 어떨까요?", "고객님 이 방법은 어떠세요?" 등 고객의 상황에 맞는 제안을 해서, 해결방안을 제시해본다. 단 해결책을 강하게 주장한다는 느낌보다는 대안을 제시하는 방식으로 목소리톤을 최대한 다정하게 하는 것이 포인트다.

20) 침묵

침묵은 금이라는 속담이 있다. 고객과의 상담을 하다가 중요 셀링 포인트 부분에서 약 3초 정도 침묵 후 포인트를 이야기하면 좀 더 강한 인상을 남길 수 있다. 어떤 미사여구를 쓰는 것보다 강한 효과를 준다. 또한 음악이나 디제이의 목소리가 계속 흘러나와야 하는 라디오 방송에서 10초 이상의 침묵은 방송사고로 친다. 그만큼 청취자에게 강한 인상을 주기 때문이다. 방송은 사고로 처리되겠지만 우리는 통화 중 주위환기도 되면서 고객의 주의를 끌 수 있는 방법이다.

(단, 신입들이 따라 하기에는 침묵하다가 고객들이 할 말 없으면 그냥 끊으라고 할 수 있으니 연구한 뒤에 따라 할 것을 권한다.)

21) 마음을 열게 하자

흔히 '오픈 마인드'라는 이야기를 많이 한다. 선입견 없이 다른 의견도 받아들이자는 뜻으로 많이 사용하고 있는데 청각만으로 세일즈를 해야 하는 우리는 보이지 않는 상황에서 신뢰감을 심어야 하기 때문에 생각보다 고도의 집중을 해야 한다.

우선 우리의 이야기를 귀 기울이게 하려면 고객의 마음을 열어야 한다. 그리고 포커페이스를 유지해야 한다. 내가 원하는 바를 얻어내겠다는 느낌, 내가 원하는 바로 하겠다는 느낌, 아무리 좋은 상품도 이런 인상을 주면 고객은 경계하게 된다. 어느 누구도 내 것을 뺏기는 기분은 유쾌하지 않기 때문이다.

그렇다면 이 기분을 반대로 하면 누구도 뭔가를 뺏는, 또는 받는 기분은 유쾌하다는 것이다. 포인트는 이것이다. 혜택을 받고, 도움이 된다는 느낌을 줘야 한다. 이런 마음은 특히 신입에게 잘 나오는데 고도의 스킬을 가진 상담원보다 가끔 신입이 큰 계약을 성사시키는 이유가 이런 진정성이 고객에게 잘 전달되어서이다.

- 칭찬은 구체적으로 적절한 타이밍에 진심을 담아 영혼 있게 한다.

예) '고객님은 본인이 아시죠? 연체 한 번도 안 하셨잖아요? 회사에 다니고 있는 저도 이렇게는 못 했네요, 대단하세요.'

22) 단점을 장점화

콤플렉스를 극복한 사람들이 삶의 만족도도 높고 정신적인 충격도 잘 견뎌 낸다는 연구결과를 본 적이 있다. 세일즈에서도 이 부분이 잘 반영되는데 단점을 안내하고 진행한 계약이 유지율도 높고 해지율도 적었다는 점이다. 처음 계약을 하는 신입들은 단점을 얘기하지 않는다. 그러다 시간이 흐르면 조금 단점을 얘기하기 시작하는데, 그러면 대부분의 고객을 놓치게 된다.

많은 시행착오를 겪고 최상위 상담레벨에 오르게 되면 단점을 장점화하기 시작한다. 신입 직원 때부터 하는 직원이 있고 일 년이 지나도록 못 하는 직원도 있다.

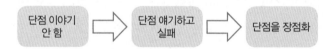

지금부터는 별표 5개짜리를 붙여도 부족함이 없는 분야라 페이지를 접어 두거나 스티커를 붙여 자주보고 내 것으로 꼭 만들기 바란다.

주물로 만든 냄비 판매	
구매 시 단점	**구매 시 장점**
– 무겁다. – 오래 요리하면 팔이 아프다.	– 요리가 잘된다. – 주물 냄비는 음식을 속부터 익히고 서서히 익게 해서 재료 본연의 맛을 느낄 수 있게 해준다. – 우리 가족이 맛있게 먹을 수 있다. – 주물 함유량이 높다. 좋은 재료를 사용했다.

〈그림 20〉 주물로 만든 냄비 판매

단점을 장점화하면,

"이 냄비로 말하자면 주물의 함유량이 높습니다. 그래서 쓰시던 스테인리스 냄비보다는 무겁습니다. 아마 손목이 약한 분들은 적당치 않으실 것입니다. 단, 제대로 된 요리를 하셔야겠다는 분들은 원하는 대로 요리가 되는 이 냄비가 제일 좋은 친구가 되실 겁니다."

주부들이라면 무거울수록 잘 만든 냄비라는 것을 알고 있고 아이 키우는 엄마들은 솔직히 냄비 하나 들 정도로는 팔 힘이 있다. 그리고 우리 가족이 먹을 요리가 잘된다는데 무거운 게 대수인가? 자연스럽게 단점이 가려지고 오히려 무겁기 때문에 제대로 만든 냄비라는 인상이 든다.

고등어	
구매 시 단점	구매 시 장점
– 양이 많아서 보관이 힘들다.	– 싸다. – 많이 준다. – 우리 아이가 잘 먹는다. – 재료 손질이 편하다.

단점을 장점화하면,

"이번 고등어 패키지는 정말 양이 많습니다. 저도 받아보고 깜짝 놀랐는데요. 만일 우리 집 냉장고가 좀 작다고 생각하시는 분들은 꼭 냉장고 청소하시고 신청해 주십시오. 다 넣으시려면 두 칸 정도 필요해요."

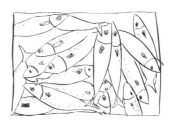
〈그림 21〉 고등어 판매

요즘 살림 장만 할 때, 엄마들이 가장 신경 쓰는 것이 냉장고이다. 양문형 냉장고를 넘어 스탠드형 김치냉장고까지 요새 주방의 포인트는 냉장고라고 해도 과언이 아닐 것이다. 냉장고 작은 집은 별로 없고 저 정도의 고등어쯤은 대부분 다 수납할 수 있다. 결론적으로 양이 많다는 부분만 강조하고 설명한 것이다.

보험 장기저축	
단점	장점
- 기간이 길다. - 손익분기점 전에 해지하면 손해를 본다.	- 10년 이상 유지하면 이자소득세가 면제다. - 추가저축한도를 이용할 수 있다. - 입출금이 가능하다. - 금리가 높다. - 연복리로 운영된다.

단점을 장점화하면,

"이 상품은 손익분기점 전에 해지하시면 손해를 봅니다. 단 해지하면 손해를 본다고 본인이 잘 알고 있기 때문에 여러 유혹이 왔을 때 참고 이겨낼 수 있는 것입니다. 강제성이 있어야 돈이 모입니다. 아이들 숙제도 하라고 해야 하는 것처럼 돈 모으기도 강제성이 있어야 합니다. 뒤돌아보시면 목돈이 되어 있는 걸 발견하고 무척 든든하실 겁니다. 또 중간에 힘들면 입출금이 가능하고 오래 유지하면 유지할수록 발생되는 이자소득세가 면제됩니다."

취약점이던 중도 해지 시 원금손해 부분까지 입출금 기능이 단점을 보완해주고 있고 오히려 장기운영하면 누릴 수 있는 혜택을 이야기해 줌으로써 장점이 더 돋보이게 된다.

23) 우리, 함께, 같이

요즘 세상은 나를 비롯해서 누구나 다 외롭다. 클로징 멘트마다 '우리 같이 하시는 거예요. 함께해요. 같이 가세요'라고 동질감을 주면 고객의 마음을 여는 데 도움이 많이 된다. 그리고 실제로도 함께하는 것이다.

24) 긍정어·부정어

백화점에 없는 것이 시계와 창문이다. 시계가 없는 건 쇼핑하다가 시계를 보고 할 일이 생각나서 집으로 돌아가는 것을 막게 하기 위함이고 창문이 없는 이유는 백화점 외의 세상은 생각 못하게 하기 위함이다. 오로지 백화점 안에서 집중할 수 있게 환경을 조성하기 위해서다. 우리는 고객을 전화상으로 만난다. 고객에게 현재 청약에 집중할 수 있는 환경을 만들고 밝은 미래를 상상하게 하기 위해서는 부정어보다는 긍정어를 주로 사용하는 것이 좋다.

"인출해드리겠습니다." → "고객님 저축보험 준비해드려서 적립해드릴게요."
"돈 지금 빠지는 거죠?" → "고객님 돈 빠진다고 하시니까 저 주시는 것 같아요. 고객님 보험료로 적립해드리겠습니다."
똑같이 고객의 돈은 인출되었지만 돈이 빠지는 것보다는 적립된다는 것이 훨씬 기분 좋다.

"제가 잘못 안내를 하거나 속일 수도 있으니까요." → "제가 실수할 수도 있으니까요."

고객이 들어서 부정적인 생각을 들게 할 수 있는 무서운 단어들은 말하지 않는다.

"녹취 시작 하겠습니다. 보이스피싱 아니거든요."

생활용어 아닌 것은 되도록이면 자제한다. '녹취 → 녹음' / '보이스피싱 → 요새 무서운 사건들'로 바꿔서 말한다.

"청약하겠습니다. 계약할게요."

물론 써야 할 때는 써야겠지만 이때 좋은 것이 '확보'라는 단어이다.

"확보해드릴게요~ 준비해보세요."

사람들은 계약서를 작성하거나 뭔가 결정을 바로 내려야 하는 상황이 오면 한 발자국 뒤로 물러나기 마련이다. 상담 초반에는 되도록 '확보'라는 단어를 사용하자!

25) 노후자금 적립이 먼 일이라고 거부감을 느끼는 고객

예 1) "숲속에 사는 다람쥐는 겨울이 오기 전에 부지런히 도토리를 주우러 다니잖아요. 봄, 여름, 가을까지 먹을 것을 몸에 저장하고 땅속에 묻어두고 4계절 중에 3계절 동안 모아놓은 먹이로 겨울 한철을 버티는 거예요. 추운 겨울이 되었는데 온통 눈밭이고 먹을 것이 없다면 춥고 배고프고 그 뒤는 생각하기 싫어요. 지금부터 조금씩이라도 모으셔야 해요. 천천히 라도 꾸준히 하시면 됩니다."

예 2) "사계절이 생각보다 금방 돌아왔어요. 저도 깜짝 놀라요. 벌써 봄인데 옷 꺼내 놓으면 또 몇 주 못 입다가 금방 더워져서 반팔을 입어야 할 거에요. 이렇게 눈 깜짝 할 사이에 시간이 흐르고 있답니다."

26) 과거 현재 미래 설명법

〈과거 현재 미래 설명법〉

과거	현재	미래
사실 조금 어릴 때 하면 더 좋았다. 더 저렴했으니까	지금 이 상품이 딱 최적이다.	안 하면 다른 사람에 비해 도태될 것이다.

현재 선택하는것이 제일 좋다는 것을 비교해 주기 위해 가입하면 좋은 점들과 미래에 준비하지 않으면 오게 될 불편하고 어두운 점을 사실대로 이야기한다.

콜센터
연봉1억녀의
비밀노트

07.
자기관리

자기관리

내일 중요한 약속이 있는데 늦게까지 술 마시고 잠도 자지 않은 채로 다음날 일과를 망치는 일은 없을 것이다. 사실 일이 어느 정도 능숙해질 때까지 에너지 소비가 되는 여러 일을 줄이고 업무에 몰입하는 것이 좋다. 그리고 우리 일은 눈 깜짝하는 사이 고객의 마음이 돌아서기 때문에 온 신경을 집중해야 한다. 그래서 몰입은 필수다. 몰입을 위한 기본 방법은 좋은 컨디션을 유지하는 것이다. 건강한 신체에 건강한 정신이 깃든다. 또 건강한 정신에 건강한 신체가 되는 것이다.

그래서 좋은 컨디션을 유지하기 위해서는 평일 약속은 삼가하고 주말에 실컷 노는 것을 권한다. 매일 파티하고 부어라 마시는 인생도 좋겠지만 잊지 말아야 할 꿈이 우리에게는 있으니까 절제된 시간도 필요하다. 아무래도 약속이 많아지면 체력적 감정적 에너지 소비가 많아지므로 집중력이 흐려지는 것도 사실이다. 당장 어제 잠을 제대로 못 자면 영업에 지장이 있는 것이 우리 일이다. 하루 중 매일 최소 8시간은 긴장하기하기 때문에 신체적·정신적 컨디션이 좋아야 계약도 성사될 수 있다. 컨디션이 좋으면 계약도 잘 나오게 된다.

처음 3개월간 지각, 결근, 조퇴가 없으면 성공할 확률도 높아진다. 실제로 근태가 좋은 상담원의 급여가 낮은 경우는 거의 없다.

1) 육체적 관리

주중에는 사교생활을 멈춘다. 절제해서 축적된 에너지를 주말에 쏟아 금요일 밤부터 신나게 논다. 일요일 아침에는 일찍 일어난다. 일요일 오후까지 늦잠을 자면 평소 자는 시간보다 늦게까지 잠이 안 온

〈그림 22〉 알코올 및 목수건 묶은 모습

다. 잠을 뒤척이면 당연히 월요일이 힘들어진다. 안 그래도 힘든 월요일인데, 일요일에 조금이라도 일찍 일어나고 일찍 잠자리에 든다. 그리고 부족한 수면은 차라리 짧은 낮잠으로 보충한다.

① 정기적으로 이비인후과에 간다. 마감을 끝내 놓고 주말을 이용해서 아침 일찍 이비인후과를 다녀본다. 가서 목에 이상이 없는지 또 살균작용이 있는 증기와 적외선도 쏘이고 해서 그때그때 관리를 해 줘야 한다.

② 미지근한 물을 자주 마신다. 성대를 건조하지 않게 하는 것이 말을 많이 하는 우리는 필요하다. 보통 상담원들이 목이 아프면 사탕을 먹는데

치료성분이 없는 사탕은 사실 설탕덩어리로 오히려 목에 무리를 준다. 또 말을 많이 하면 성대가 부어있기 때문에 뜨겁거나 너무 차가운 물보다는 미지근한 물이 좋다. 목이 너무 많이 부으면 아이스크림을 먹는 것도 좋은 민간요법이다.

③ 감기 또한 멀리해야 하는 것 중에 하나이다. 일반사람들이 흘리는 콧물은 돈 버는 것에 크게 영향이 없지만 우리는 상담 업무이다 보니 훌쩍거리면 안 그래도 힘든 영업이 더욱 넘기 힘든 산으로 변신한다. 감기는 최대 적이다. 자주 손을 씻고 될 수 있으면 마우스나 키보드 휴대전화는 알코올로 소독해서 사용하도록 한다. 감기 걸리면 내 급여가 줄어든다. 감기 기운이 느껴지면 목수건을 바로 둘러 목을 보호한다

④ 노래방에 가서 소리를 지르거나 큰소리를 내서 목에 무리하는 일은 없도록 한다. 태어나면서부터 굉장히 건강한 성대를 가졌어도 계속 혹사시키면 오래 일할 수 없다. 되도록이면 목에 무리하지 않는 선에서 노래를 부르거나 이야기를 하는 것이 좋다. 목소리가 우리의 재산이다.

2) 잠의 중요성

신입사원 때 고액연봉을 받는 선배에게 교육을 받은 적이 있다.

동기들과 선배들 모두 영업비법을 전수 받기 위해 한껏 들떠 있었다. 전설로 전해오던 선배에게 배울 자세가 되어 군기가 바짝 든 상태였다. 교육은 시작됐고 모두 초롱초롱한 눈빛과 귀를 크게 열고 한 마디라도 놓치지 않을 태세였다. 그렇게 교육이 시작되고 끝이 났는데 재미있는 것은 직원들이 '별거 없구만' 하고 허허 웃으며 끝이 났다는 것이다. 이유는 그의 대

단한 비법은 잠이었기 때문이다. 정말 대단한 비밀이라도 알려줄 것 같던 그가 한 시간 내내 이야기한 것이 잠이라니. 그 순간 우리 모두는 허탈했다. 하지만 내가 그만큼 성장하고 경력이 쌓이니까 그때 그의 말에 100% 동감했다.

사실 상담기술은 보통 3개월 전후면 선배를 대부분 따라잡는다. 허탈하지만 사실이다.

매일 같은 이야기를 90일 동안 하는데, 사실 늘지 않는 것이 더 이상한 것이다.

하지만 이후 실력을 가르는 것은 태도! 특히 생활태도이다. 바른 생활을 하는 상담원의 급여가 매일 술 먹고 새벽까지 노는 상담원보다 당연히 높은 것은 사실이다.

일뿐만 아니라 사람이 심리적으로 문제가 생겼을 때 탈이 나는 것이 바로 잠이다.

내일 죽고 사는 일이 걸려있는데 잠을 편히 자는 사람은 많지 않다. 신경이 유달리 예민한 날은 그 이유가 대부분 잠을 못 자서라는 걸 우리 모두 알고 있다.

특히 목소리는 신체 피로도를 바로 반영하는데, 목소리가 무기인 우리는 이 또한 염두에 두고 생활해야 한다. 잠이 보약이다. 잠을 못 자면 집중력이 떨어지고 반론극복도 안 되며 그러면 청약도 없다.

① 일정한 시각과 일정한 시간 동안을 잔다.

② 불빛이 없게 한다.

③ 온도 습도를 맞춘다.

④ 충분히 못 잤으면 그날은 무조건 일찍 잔다.
⑤ 일찍 일어나는 상담원이 급여를 많이 받는다.

사람마다 생체리듬이 다 달라서 오전에는 10분만 일찍 일어나도 힘든 사람도 있고 오후에 컨디션이 좋아지는 사람도 있다. 오후에 업무가 잘되면 오전에는 쉬운 일 위주로 해 놓고 오후에 집중 공략하면 될 일이다. 하지만 생각보다 하루는 짧다. 오전에 일찍 나와서 마음정리나 주변정리라도 해 놓으면 조급해하지 않을 확률이 높아진다.

당연히 하루를 늦게 열면 그만큼 몰입해야 한다거나 짧은 시간 안에 해결해야 한다는 것인데 웬만하면 아침부터 일찍 문을 열어 두는 것이 손님도 더 많이 온다. 일찍 나오는 것이 힘들다면 평소보다 10분 또 10분 앞당겨서 하루를 시작해보자. 그러면 새로운 아이디어도 떠오르고 미처 생각하지 못했던 부분이 보일 것이다.

높은 급여를 받는 직원들은 대부분 일찍 출근하고 남들보다 더 일한다. 이것은 사실이다. 처음부터 그들을 따라가기는 힘들기 때문에 천천히 일찍 출근하는 것부터 시작해보자.

그리고 아침에는 음악을 들어 자신의 기분 좋게 만들거나 하루 기분을 지배할 수 있는 아침이기 때문에 편안하고 즐겁게 여는 것이 좋다. 어떤 직원들은 종교에 따라 기도를 하기도 염주를 돌리기도 한다. 차분한 마음으로 하루를 여는 직원과 헐레벌떡 지각 직전에 출근하는 직원은 당연히 급여가 다를 수밖에 없다.

3) 정신적 관리

사실 육체적인 관리 못지않게 중요한 것이 정신적인 관리이다. 감정소모의 현장에서는 마음을 다스릴 줄 알아야 한다. 요리사는 요리사복을 입고 근무를 하고 의사는 가운을 입고 진료를 보며 공사장에서는 헬멧과 안전모가 필수다. 이들의 공통점은 근무 환경에 맞춰 자신을 보호할 수 있고 능력을 향상시킬 수 있는 복장이나 장비를 착용한다는 것이다. 그럼 주로 감정소모를 하는 우리에게 필요한 것은 무엇일까? 바로 거절에 강해지는 것과 긍정적인 사고, 본인이 세워 놓은 목표를 향한 도전의식쯤 될 것이다.

① 정신적 관리는 일과 개인생활의 분리부터 시작해본다. 이것은 직업이라는 역할을 하는 나를 개인의 나와 분리하는 것부터 시작한다. 아무리 힘들고 지치더라도 회사 문을 나서는 순간 고된 일을 잊는 연습도 해야 한다. 일을 하다 보면 나의 실수나 나의 실수가 아닌 일로도 가슴 아프고 속상한 일 투성이다. 이때 상처를 안고 있으면 내 속만 상할 뿐이다. 회사를 나가는 순간 빨리 잊고 떨쳐내 일과 개인생활을 분리하는 연습을 해야 한다.

② 일이 어느 정도 손에 익을 때까지 일과 개인적인 생활을 최대한 단순화시킨다. 아무래도 활동이 많을수록 에너지가 분산되기 마련인데 일정기간을 두고 개인생활 시 불필요한 일은 줄인다.

③ 힘들고 지칠 때 가족이나 지인들이 준 편지나 문자, 행복했던 순간의 사진을 보며 사랑받고 있다는 존재임을 확인하고 힘을 내보자.

4) TV 시청

① 광고 - 우리가 하는 일은 고객에게 우리 상품을 알리는 일이 먼저다. 이 일을 전문적으로 하는 사람들이 있으니 그들은 광고인들이다. 가장 단순한 화법으로 강력하게 메시지를 전달하는 이들은 30초 안에 모든 메시지를 담곤 한다. 그들이 말하는 화법을 보다 보면 우리가 어떻게 고객에게 말해야 하는지 그 해답도 보이게 된다. 요새 유행하는 광고와 또 이야기하는 스타일을 잘 참고해서 우리 일할 때도 접목하면 좋다.

특히 금융, 자동차, 핸드폰 광고 등은 현재를 잘 반영해서 마케팅을 해야 하는 분야이므로 놓치지 않고 봐두어 안목을 기른다.

② 토크쇼 시청 - 토크쇼는 집단 토크쇼도 있지만 대부분이 1:1 대담 프로가 많다. 토크쇼가 좋은 이유는 질문 방법을 배울 수 있기 때문이다. 사실 사회자와 손님이 서로 안면이 있는 경우도 있지만 대부분 초면에 질문이 이뤄지는 경우가 많다. 대답이 길어지는 질문은 어떤 것이었는지 또 불편한 질문은 어떻게 꺼내는지 하나하나 유념해서 보면 보이기 시작한다. (추천 프로그램: 〈힐링캠프〉, 〈백지연의 피플인사이드〉)

③ 홈쇼핑 보기 - 쇼핑을 위해 24시간 운영되는 채널이다. 이들도 판매만을 연구하고 고민한다. 잠깐이라도 그들의 판매화법을 보는 것은 꽤나 도움이 된다. 어떻게 간단하게 설명하는지 어떻게 장점을 부각시키는지 파악할 수 있고 따라 할 수 있어야 한다.

④ 경제학이나 마케팅을 공부하지 않아도 요새는 다큐멘터리 시청을 집중해서 하다 보면 일할 수 있을 정도의 상식은 가질 수 있다. 물론 학자의 깊이를 따라갈 수는 없지만 업무에 사용할 수 있는 정도의 양은 얻을 수 있

으므로 경제학이나 심리, 마케팅을 다룬 다큐멘터리를 시청해보도록 하자.

5) 통찰력을 기르자

통찰력은 상황을 꿰뚫어보는 힘이다. 흔히 말하는 '촉'으로도 대신 쓸 수 있겠다. 모든 사물에 대입될 수 있는 것이고 경제, 사람, 계약진행 흐름 등 모든 것에 사용된다. 하지만 하루아침에 통찰력이 길러지는 것은 아니다. 수련과 실패와 아픔이 동반되어야 할 것이다. 필자도 아직 기르고 있고 또 아직도 갈 길이 멀었다.

6) 독서

뭐든 읽으면 좋다. 책 한 권을 다 읽기 부담스럽다면 신문의 광고문구 읽기부터 시작해보도록 하자. 드라마를 기다리는 도중 광고문구 하나라도 읽고 듣고 그들이 이야기하고자 하는 핵심을 파악하려고 해본다. 잘 알려주기 위해서 글씨체를 어떻게 썼는지, 어디에서 강하게 말하고 있는지, 또 다른 회사보다 어떤 점을 강조하고 있는지. 그러다 관심 있는 분야가 생기면 책을 사서 그림이라도 훑어보면서 차근차근 책과 친해지자. 서점에 가서 유행하는 책도 찾아보고 요즘 사람들이 좋아하는 이유도 알아본다. 서점에서 마음에 맞는 책을 한두 권 만나기 시작할 때쯤 새 책의 향기가 좋아지는 날도 올 것이다.

① 감명 깊은 책은 두세 번 읽어보는 것이 좋다. 볼 때마다 감명 받는 부분이 달라지고 지난번에 놓쳤던 부분이 보인다.

② 화장실 갈 때나 출퇴근길 취침 전 1~20분 만이라도 잠깐이라도 들여다보자. 나중에는 활자가 보이지 않으면 불안할 것이다.

③ 목차라도 보자. 어떻게 구성했는지 목차를 보다가 관심 있는 부분만 펴서 봐도 좋다.

④ 꼭 한 권을 진득하게 읽을 필요는 없다. 장소마다 다른 책을 비치해 두고 상황마다 다른 책을 읽어보자. 동시에 3~4권씩 읽어보자. 산만할 것 같지만 오히려 지루하지 않고 분위기가 달라져서 신선한 맛도 있다.

7) 부채도사가 되어보자 - 성공여부를 점쳐보자

① 새로 오픈한 식당의 메뉴는 괜찮은지, 식당위치는 좋은지, 종업원들 서비스는 좋은지, 요새 사람들이 좋아할만한 분위기인지. 나름의 이유로 분석하고 식당의 2, 3개월 뒤를 지켜 보면 내가 미처 생각하지 못했던 부분이나 내 감이 맞아 떨어지는 것을 즐겨보는 것도 좋다. 분석하는 과정에서 내 촉은 길러진다.

② 데뷔하는 가수 - 요새 찾는 이미지인지? 음악이 매력적인지? 마케팅은 어떻게 하는지?

③ 새로 생긴 지하철 - 사람들이 좋아하는지? 진짜 편해졌는지? 내부 시설은 괜찮은지?

8) 예술작품을 가까이하자

제일 좋은 방법은 전시관을 자주 가서 접하는 것이다. 자주 못가면 책이나 인터넷으로 작품들을 흡수한다. 안목을 높이고 통찰력을 길러야 좋은 기회가 오고 그 기회에 적절한 판단을 내릴 수 있다.

9) 역사공부

사실 지금 강남의 땅이 이렇게 비싸질 줄 알았다면 개발 전으로 타임머신 타고 가서 싼값에 매입할 것이다.

역사는 현재를 잘 살아갈 방법을 알려주는 안내서이다. 서점에 가면 현대사나 고대사 등 알기 쉽게 풀이되어 있는 책들이 많이 있으니 참고하자. 또 책에서 '몇 년에 무슨 왕이 어떤 정책을 펼쳐 백성이 편해졌다' 이렇게 공부할 필요는 없지만 어떤 정책을 폈을 때 백성들이 좋아하는지 어떤 기계가 발견됐을 때 전쟁에서 이길 수 있었는지 관심을 갖고 역사의 인과관계를 파악해보도록 한다. 그러면 보는 눈이 안목이 높아지기 시작할 것이다.

10) 관찰과 교감

시트콤은 대부분 처음 시청률이 낮은 편인데 방영하다 보면 낮았던 시청률이 높아진다. 왜냐하면 처음에는 재미가 없다가 초반 지나서부터 재미있어지기 때문이다. 그 이유가 처음에는 시트콤에 주인공들이 다 남으로 보여서 그들의 행동이나 하는 말이 이해가 안 되기 때문이다. 그런데 보다 보면 그들이 이해가 되고 쭉 지켜보면 하는 행동까지 재밌어지는 것이다. 뭐든 진득하게 관찰하다 보면 못 보던 것들이 보인다.

어느 날 매일 꾸미지 않던 친구가 갑자기 쇼핑을 해서 옷을 산다면 → 이성친구가 있다.

짠돌이 친구가 갑자기 한턱 크게 쏘거나 선물을 사준다면 → 부탁할 일이 있다. 또 회사를 마치고 만난 친구가 얼굴이 시무룩해져 있고 얼굴이 상기된 상태라면 오기 직전에 회사에서 안 좋은 일을 겪었을 확률이 많아지는 것이다. 말을 하지 않는다는 것은 정말 가슴이 아픈 일이었거나 속상할 일일 확률이 많아지므로 나도 티 안 나게 친구를 위로해줄 수 있는 것이다.

청약하는 것은 오감이 총동원돼야 하는데 고객의 생활을 관찰해서 신뢰감을 형성하고 자주 접하는 횟수를 늘려 그의 과거와 현재를 잘 알아야 한다. 그래야 미래설계도 같이 할 수 있기 때문이다.

08.
불만족
고객 응대방법

1.
콜센터,
나의 일터

2.
집중해야 할
4가지

3.
청약용어와
청약 순환

4.
6개월
집중 훈련

5.
낭독의
발견

6.
화법

7.
자기관리

8.
불만족
고객 응대방법

9.
내 삶의
5대 영양소

불만족 고객 응대방법

　신입 상담원들은 하루가 어떻게 지나가는지 모른다. 새로운 업무투성이에 하루에도 몇 번씩 이 일을 계속 해야 하나 의문이 자주 들 때가 있기 때문이다. 사실 계약만으로도 힘든데 고객들의 뜻하지 않은 반응으로 상처를 받기도 하고 눈물을 흘리는 상담원도 나오곤 한다. 이런 일이 하루 일과 중에 생기면 금세 하루가 가버린다.

　사실 누군가에게 좋지 않은 소리를 듣게 되면 애나 어른이나 기분이 안 좋은 건 당연하다. 굴욕감이 들기도 하고 자존감을 상실하게 된다. 그런데 개인적인 일도 아니고 회사 일이니 본인 성질대로 화를 마음대로 낼 수도 없고 아니라고 큰소리 칠 수도 없다. 사소한 클레임부터 큰 클레임까지 사실 자연스럽게 받아들이기에는 꽤 오랜 시간이 든다. 그 과정에서 벙어리 냉가슴이 되어 버린다. 필자도 말투가 기분 나쁘다며 의견을 말씀하신 고객도 있었고 '여보세요'만 했는데 욕을 한 바가지 얻어먹은 적도 있었다.

얼굴이 보이지 않는 전화 상담이라 때로는 그 수위가 말로 다 담기 힘든 경우도 많다. 감정소모를 하는 우리는 마음 다스리기가 실로 필요하다. 필자가 업무를 오랫동안 할 수 있는 이유가 아마도 퇴근할 때 회사 현관문만 나가도 회사 일을 잊어버리기 때문이다. 그리고 요즘은 워낙 세상이 흉흉하다 보니 고객들의 반응도 우리 스스로도 이해의 폭을 넓혀야 하지 않나 싶다. 그냥 이런 부분까지 급여에 포함이 되었다고 생각하는 것이 편하다. 그리고 고객이 만족하지 못하셨을 때는 최대한 신속하게 상부에 보고하고 협조해서 해결하는 것이 제일 좋다. 그리고 혹시 속상한 마음이 있다면 빨리 잊는 것이 상책이다.

세상은 꽁꽁 마음을 닫고 있으면 나만 손해다. 세상은 생각보다 더 빠른 속도로 움직인다. 나의 상처받은 마음까지 돌볼 여유가 없기 때문에 주저앉으면 나만 도태될 뿐이다. 이는 비단 회사 일뿐만 아니라 모든 일에 통용되기도 한다. 용서하고 잊어버리는 것이 내 정신 건강에 제일 좋다. 우리도 손님일 때 불합리한 일에 그 직원의 잘못이 아닌데도 화를 낸 적이 있지 않는가? 가끔은 내가 고객이 되어서도 실수할 때가 있지 않은가? 털어서 먼지 안 나는 사람이 어디 있는가? 남도 나도 누구라도 남에게 상처도 주고 실수할 때가 있다. 그러니 큰 마음으로 잊어버리자. 용서하자.

상대방은 나라는 인격에 대해 모욕을 한 것이 아니라 수화기 너머 음성에게 마음을 다 푸신 거라 상처 주었다고 크게 생각도 안 하게 된다. 누군가 내게 상처를 주고 나 때문에 마음 아파하지도 않는데 나만 가슴 아프다고 꽁꽁대면 내 병만 생긴다. 효율적이지 않다.

최대한 빨리 잊어버리고 동료들과 술 한 잔에 재밌는 영화 한 편에 평소 사고 싶던 것을 사거나 해서 후루룩 날려버리는 것이 제일 좋다. 주의할 점은 꼭 세상 다 끝난 듯이 혼자 아파하지 말라는 것이다. 꼭 주위에 이야기하고 나의 부족했던 점은 고치고 상처는 보듬어서 미래를 보고 앞으로 나가야 하는 것이다. 세상 어떤 직업이 좋기만 할까? 말 못할 속상한 부분 누구나 다 있고 이 또 한 지나가다 보면 분명 좋은 날도 온다.

예전에 어려서 시골 공터에 예쁜 강아지 한 마리가 묶여 있는 것을 보게 되었다. 하얗고 복실복실한 것이 얼마나 귀엽던지 가까이 가서 안아주고 싶었다. 근데 한 발자국 다가갈 때마다 이 강아지는 무섭도록 하얀 이를 드러내며 짖는 것이 아닌가? 가까이 갈수록 세상 떠나가라 짖어대는 개가 성격이 고약하다고 생각했다. 친해지자고 선한 마음으로 쓰다듬으려 하는데 잡아먹을 듯이 으르렁대는 그 개가 이해되지 않았다. 그런데 가까이 가서 보니 강아지 한쪽 다리에 올무가 묶여 피를 철철 흘리는 것이 아닌가? 나는 예쁘다고 다가갔지만 강아지는 살이 뜯겨 곪아 터져 진물과 피를 질질 흘리고 있었던 것이다. 그래서 강아지는 너무 아팠던 나머지 나의 호의를 제대로 받아들일 수 없었던 것이다.

살아가다 내 마음을 몰라주거나 상처받는 상황을 만날 때가 있다. 나는 그럴 때면 하얀 복실이를 떠올린다. 내게 상처 준 누군가가 보이지 않는 상처로 피를 흘리며 아파하고 있을지도 모르기 때문이다.

1) 역지사지(易地思之)

고객의 입장이 되어 생각하자. 사실 회사의 입장에서 속상한 일도 간혹 있지만 사실 고객이 화를 낼 일이기 때문에 화내시는 경우가 많다. 회사를 대표해서 백번 사죄하고 고객의 입장에서 해결해드리는 것이 맞다. 우리가 받은 급여에는 이런 부분도 포함되어 있음을 생각하자. 본인의 권한 밖의 일이라면 "고객님 최대한 빠르게 알아보고 전화 드리겠습니다(시간을 언급하지 말아야 한다. 못 지키면 2차 민원으로 가기 때문에 신속하게 응대한다)"라고 이야기한다. 꼭 시간을 말하라는 고객께는 시간 제시를 하고 꼭 그 시간에 해결이 되든 안 되든 전화를 드리도록 한다.

2) 호미로 막을 것을 가래로 막는다

민원은 초기대응이 가장 중요하다. 본인 권한 밖의 일이라고 미루다 전달 과정에서 문제가 생기는 경우가 많은데 일단 불만족 고객이 나타나면 즉시 상부에 보고해서 경험 많은 직원들의 도움을 받아야 한다.

3) 경청

고객이 왜 불만족하시는지 메모를 해 가며 중간 중간 제대로 이해하고 있는지 고객께 말씀드려 확인하도록 한다. 하시는 말씀을 자르지 않고 끝까지 듣도록 하며 조금 낮은 목소리나 죄송한 마음이 묻어난 표정으로 대답을 하는 것이 맞다.

4) 말 한 마디로 천 냥 빚 갚는다

한 차례 폭풍이 지나가면 대부분 잠잠해지기 마련이다. 일단 마음이 풀리실 때까지 죄송하다고 하는 것이 맞다. 필자의 경우에도 사람이기 때문에 실수한다는 솔직함을 제일 잘 이해해 주셨던 것 같다. 부족한 우리의 실수를 인정하고 잘못을 반성한다는 점을 진심으로 전달해야 한다.

5) 원하는 것이 있는지?

사실 블랙 컨슈머들도 많지만 요새 추세는 조용히 해결하자는 것이 원칙이다. 최대한 불편한 부분을 해소할 수 있게 회사 지침에 따라 상부와 협의하여 고객의 제시점을 수용해드리는 것이 맞다. 그래서 1차적으로 잘못을 안 만드는 것이 제일 중요하다. 잘못이 없다고 하더라도 이 또한 끌어안는 것이 우리의 일이다.

1.
콜센터,
나의 일터

2.
집중해야 할
4가지

3.
청약용어와
청약 순환

4.
6개월
집중 훈련

5.
낭독의
발견

6.
화법

7.
자기관리

8.
불만족
고객 응대방법

9.
내 삶의
5대 영양소

민원을 주의하자

가끔 녹음되지 않는 전화로 개인 상담을 하는 직원들이 있다. 굉장히 위험한 일이다. 안전장치 없이 외나무다리를 건너는 거나 마찬가지다. 우리가 하는 업무는 돈과 직결되어 있고 나중에 문제가 되는 상황이 있을 수 있다. 청약 절차에 따라 진행했다 하지만 부족한 부분이 나타나면 얼마든지 우리를 다치게 할 수 있다. 이럴 때 보호받는 것이 우리는 녹음기록이다. 다행히도 우리는 고객과의 상담기록이 남기 때문에 큰 문제만 없다면 억울할 일은 별로 없다.

그래서 판매할 때도 상품을 제대로 알고 연구해서 고객이 100% 이해하고 주의할 점까지 인지시켜야 나중에 큰 화를 면할 수 있다. 인출이 안 되는 상품을 고객이 제대로 이해하지 못하게 판매를 하면 진짜 고객이 돈이 필요할 때 쓰지 못하므로 그 사람 인생에 문제가 생긴다. 갑자기 수술비가 필요하다거나 자녀교육비가 급하게 필요하다면 어떻게 하겠는가? 꼭 법적으로 잘못을 따지기 전에 진짜 그에게 미안해지는 것이다. 그래서 판매 단계부터 항상 민원을 염두에 둬야 한다. 한 마디마다 신중하고 책임질 수 있는 이야기를 해야 한다.

현재 금융감독원에서는 문제가 생겼을 때 고객의 손을 많이 들어주는 편이다. 아무리 판매 시 설명을 했어도 고객이 인지하지 못했거나 증거가 없을 때는 상담원이 불리한 편이다.

불리하다는 것은 우리가 부족함 없이 청약을 했다는 증거가 없을 때는 고객이 계약진행 우선권을 가진다는 소리다. 다이렉트상품[13]의 판매 역사가 크게 길지 않고 급성장을 했기 때문에 사실 보완해야 할 점이 있는 것은 사실이다. 불완전 판매들은 많이 개선되고 있지만 방법에서 부족한 부분들이 있긴 하다. 그래서 해피콜이나 기간 내에 철회 할 수 있는 제도적 장치들을 두고 안전한 계약을 권장하고 있다. 모든 직업이 다 그렇겠지만 특히 금융 업무는 선한 마음으로 바르게 임해야 한다. 또 규칙을 지키지 않고 영업을 하면 그에 응대하는 법의 규제를 받게 되니 꼭 규정에 맞는 정도 영업을 해야 한다.

- 고객에게 선물을 보내거나 서류를 보냈으면 보냈다는 기록을 남겨 두거나 택배 송장이나 문자기록을 남겨 두는 것이 좋다.
- 꼭 알고 있어야 하는 사업비, 위험보험료차감, 원금손실, 원금회복시점은 꼭 고객이 인지하고 안내했다는 기록을 남기도록 하자.
- 원금 손실: 보험계약 운영을 위해 사업비와 위험보험료를 초기에 차감시킨다. 상품에 따라 사업비와 위험보험료가 다르기 때문에 고객의 목적에 맞는 상품을 추천하자.

---

13) 다이렉트상품: 대면하지 않고 통신으로 가입 및 관리가 가능한 상품

철회를 대하는 우리의 자세

철회는 고객이 청약에 대해서 법적으로 계약을 다시 반환을 요청할 수 있는 고객의 권리이다. 보통 계약 성립일로부터 3개월 즈음이다. 사실 이미 떠난 연인의 마음을 돌리는 것처럼 철회를 하는 고객의 마음을 돌리는 것은 굉장히 어려운 일이다.

사실 철회는 청약 당시가 제일 중요하다. 처음부터 잘못된 계약, 부실한 계약은 마음을 되돌릴 방법이 없다. 일단 계약 당시에서 무리한 계약을 하지 않는 것이 제일 좋다. 그리고 청약 당시 제일 마음에 드는 부분을 여쭤봐 놓고 고객이 철회의사를 비치면 그 부분을 다시 설명해본다. 그러면 고객의 마음이 변해도 잊고 있었던 상품의 매력적인 점이 생각날 수 있다. 일단 고객을 진정시키고 사유를 듣고 최대한 반론하고 해결방안을 제시해서 신중한 결정을 도와야 한다.

철회 순환 = 당황 → 이해 → 진정 → 이유파악 → 상품설명

1) 철회 응대법

철회접수는 일단 되었다고 이야기를 하며 상황을 안정시킨다. 누구나 취소하는 이야기를 마음 편하게 하는 이는 없다. 고객도 지금 매우 불안하고 마음이 불편한 상황이므로 안정된 마음과 목소리로 응대한다.

① 상담원도 당황하기 때문에 사실대로 '어머 이 좋은 것을 왜요? 상품이 좋아서 취소를 거의 안 하시는데…… 지난번에도 ○○○(셀링 포인트)때문에 마음에 들어 하셨잖아요. 무슨 일 있으셨어요?'라고 말한다.

② 그리고 일단 고객의 마음을 이해한다고 이야기한다. 사실 상담원도 어디 가서 물건 사고 취소 안 해본 이가 어디 있으랴. 최대한 현재 고객님의 마음을 이해한다고 사실대로 이야기하자.

③ 일단 진정이 된 상태라면 고객이 왜 그러시는지 일시적 문제인지 지속될 문제인지 파악하기 위해 고객의 말을 경청한다.

④ 다시 한 번 상담스크립트로 돌아가서 고객님께 설명을 시도한다.

⑤ 천천히 생각할 시간을 드린다(아침에 전화가 왔다면 한숨 고르시고 오후에 통화하자고 한다).

⑥ 지금 하지 않으면 현재 보장받을 것들에 대한 대안이 있는지 질문해 본다.

⑦ 계약하지 않았을 경우의 상황을 이야기한다.

⑧ 상기 계약조건이 좋은 것이고 앞으로 어렵다고 이야기한다(앞으로 규제나 세법은 더 타이트해지는 추세이기 때문에 사실대로 이야기한다).

⑨ 서운하게 해드린 부분이 있는지 물어본다.

⑩ 상품 확보 차원에서 최소한의 금액을 제안해본다.

⑪ 최대 품질보증 유지기간인 3개월까지 상황을 미뤄본다.

⑫ 만일 되돌릴 수 없다면 철회해드리고 최대한 빨리 잊고 새 계약을 찾아가자!

철회가 없는 직원은 없다. 오히려 철회가 없는 직원이 더 이상한 것이다. 누구에게나 올 수 있는 일이다. 만일 철회가 잦다면 청약 당시 본인의 콜을 들어보자. 철회 멘트를 남발하지 않았는지? 취소해도 된다고 일단 접수하자고 하지는 않았는지? 본인을 되돌아볼 시간을 갖는 것도 좋다. 부끄러운 일이 아니다. 신입이 처음부터 잘하면 그건 신입이 아니다. 시행착오를 겪어가며 보완해갈 때 실력이 느는 것이다. 필자도 신입 시절에 하루에 4건의 청약철회를 맞고 계약을 하루도 못 한 날도 있었다. 마이너스로 하루를 마감한 날도 있다. 당시 이 일을 내가 계속 해야 하나 나는 실력이 도대체 늘지는 않는구나 하며 그만둘까도 심각하게 고민해보았다. 하지만 결론적으로 그만두지 않았고 그 힘든 날들이 나를 만들었고 연봉 1억의 비료가 된 것 같다.

영업을 하다 보면 손해를 보는 날도 이익이 남는 날도 있는 것이다. 이익이 남는 날이 많도록 확률을 높이는 것이 우리가 해야 할 일이다. 그리고 그 이후는 하늘에 맡기자. 그리고 중요한 한 가지 사실은 철회를 빨리 잊고 다음 계약으로 충격을 회복하는 직원들이 잘된다는 것이다. 우리도 할 수 있다.

콜센터
연봉1억녀의
비밀노트

09.
내 삶의
5대 영양소

보험의 종류

1) 가장 먼저 준비해야 하는 – 보장보험

보험은 기본적으로 손해를 보상 받으려는 것이다. 크게 위험보장과 노후보장으로 나눌 수 있는데 예를 들어 현재 직장인이며 가장인 내가 몸이 아플 경우 큰 재산을 모아 놓지 않은 상황이라면 치료는 고사하고 당장 먹고 사는 일부터 막막할 것이다. 자가 주택이라고 할지라도 유지비인 관리비가 들 것이며 각종 공과금부터 현대 사회는 사치를 하지 않아도 매달 고정적으로 나가는 금액들이 있는데 소득이 없을 경우 현재의 삶을 유지할 수 없게 된다.

또 자녀의 경제적 독립 이전에 사망하기라도 한다면 자녀는 독립된 성인이 되기 전까지 받아야 하는 경제적 지원을 받을 수 없게 된다. 경제적 지원을 받지 못한 자녀의 미래는 당연히 좋지만은 않다. 그래서 보험은 위기가 생겼을 때 충격을 최소한으로 하자는 것이다. 먹고 사는 것이 제일 큰 문제이며 나아가 살면서 만날 수 있는 위험요소들을 보호해 주는 것이 위험 보장이다.

2) 빨리 하면 할수록 좋다 - 노후보험

말 그대로 안락한 노년 생활에 필요한 자금들을 모을 수 있는 것이 노후보장이다. 노후보장은 어릴수록 자금 모으기에 유리하며 때문에 시작하는 시점이 제일 중요하다. 그 이유는 시간의 힘이다.

예를 들어 20대부터 20년 동안 돈을 모으면 40대가 되는데 40대면 아직 경제활동을 할 때이다. 모아진 자금을 바로 찾지 않고 거치[14]해 둘 경우 시간의 힘으로 크게 노력하지 않아도 돈은 자기 스스로 자산이 늘어난다. 보험 상품은 대부분이 복리방식으로 운영이 되기 때문에 이자의 이자, 그 이자의 이자가 불어 황금알을 낳는 거위가 되고 쌀독에 쌀이 끊이지 않는다는 화수분이 되는 것이다.

하지만 40대부터 시작하는 노후준비는 20년간 돈을 모으면 모으자마자 바로 꺼내 써야 하기 때문에 돈이 불어날 시간이 없다. 그래서 수령하는 금액도 20대가 20년간 매달 50만 원씩 저축해서 65세 때 연금을 받는 것과 40대가 20년간 매달 50만 원씩 저축해서 65세 때 연금을 받는 것은 엄청난 차이가 나는 것이다.

당연히 20대 때는 돈을 불리는 기간이 길어지므로 납입금액이 많지 않더라도 큰 효과를 볼 수 있다. 물론 누구나 사회인이 되고 초반에는 사야 할 것도 쓸데없는 곳에 돈을 쓰기도 하며 성장한다. 주변에서 좋은 길로

---

14) 거치 : (据置) [명사] 1. 그대로 둠

이끌어 줄 사람이 있다면 좋겠지만 그런 인물들이 없을 때는 본인이 찾아야 한다. 성공한 선배나 주위 어른들께 경제 관리나 자산 증식에 대한 대화를 하며 성공한 방식을 배워서 실수를 줄여야 한다. 물론 돈도 좋고 보험도 좋지만 가장 든든한 노후보장은 건강한 자신이다. 정신적으로 육체적으로 건강을 오래도록 유지하는 것도 돈 버는 것만큼이나 중요하다. 인생을 즐기는 것은 좋지만 매일 즐기다가는 노년에 힘들어 질 수 있다.

3) 운동과 저축은 평생 하기 싫어도 해야 한다 – 저축보험

우리가 얼마의 급여를 받든 사실 저축만 하지 않으면 먹고 살 만할 것이다. 하지만 저축하지 않으면 미래가 없다. 오직 저축을 안 해도 되는 이들은 부모님의 유산을 많이 물려받을 사람들이다(물론 이들은 대대로 내려오는 경제 교육 때문에 더 철저하게 아끼고 저축한다).

일반 소시민 또는 시민, 혹은 중산층일 수 있는 우리들은 최대한 저축을 해야 한다. 불필요한 지출을 줄이고 최대한 급여에서 저축의 비중을 높여야 한다. 물이 100℃에서만 끓는 것처럼 자산도 일정 금액까지만 모으면 스스로 몸집이 불어난다. 자고 일어나서 돈이 불어나 있다면? 사실 이건 통장에 돈 만 원만 있어도 가능하지만 불어나는 속도가 미비해서 효과가 없다. 하지만 일정 금액 이상이 되면 돈 스스로 몸집이 불어나는데 이 속도는 무엇보다 빠르다. 그래서 자산이 스스로 굴러갈 수 있는 규모까지 만드는 것이 중요한 것이다. 그런데 어떤 사람은 열심히 일해도 영원히 이 100℃까지 도달하지 못하고 생을 마감하기도 하고 또 어떤 사람은

20대 때 벌써 물려받은 재산 없이 벌써 100℃에서 물이 끓는 친구들도 있다. 하지만 20대 때 벌써 100℃의 물이 끓는 친구들을 꼭 부러워만 말자. 인생이란 모르는 것이다. 그리고 중요한 것은 속도가 아닌 방향성! 아끼며 모으며 하루하루 보내보자.

자산이 스스로 불어날 수 있는 100℃ 지점을 향해서 나아가도록 저축해보자. 저축은 절대 쓰고 남은 돈으로 하면 할 수 없다. 꼭 고정 지출을 제외한 나머지 금액을 최대 80%까지는 저축해야 한다. 그리고 고정 지출을 최대한 줄여보자. 처음에 현금으로 1,000만 원, 3,000만 원, 5,000만 원 그리고 1억까지만 모을 수 있다면 살면서 만날 수 있는 여러 위기가 현재 삶을 공격 해와도 튼튼한 방패가 되어 지켜줄 것이다. 그래서 우리가 살면서 하기 싫어도 해야 하는 것이 운동과 저축이다. 운동은 건강하고 활력 있는 삶을 위해서 해야 하고 또 평소에 하지 않다가 한 번에 많이 해도 몸에 크게 도움 되지 않는다. 저축도 한 번에 많이 하는 것보다 매일 습관을 들여서 하는 것이 효과가 좋다. 얼마를 벌 수 있느냐 보다 얼마를 모을 수 있느냐가 더 중요한 포인트이기 때문이다.

예전에 어느 자수성가한 재력가를 만난 적이 있는데 살면서 가장 큰 재미는 돈 모으는 재미라고 했다. 우리 모두 이 저축하는 재미를 느껴보자! 하지만 운동만큼 미루고 싶고 고통스러운 것이 저축임은 틀림없다 그 열매가 달콤한 만큼 말이다.

4) 보험의 꽃 - 종신보험

예전에는 종신보험을 선호하지 않았다. 왜냐하면 죽으면 나오는 돈, 나 죽은 뒤에 돈이 나오는데 무슨 보험이냐? 하며 고객들이 격한 거부감을 가졌었기 때문이다. 하지만 요즘은 인기가 많은 것이 종신보험이다. 왜냐하면 국민 소득이 올라가고 의식이 높아지면서 본인의 사후까지 책임져야 한다는 생각이 커졌기 때문이다. 장례식장에서 돈을 주는 회사는 보험회사밖에 없다고 한다. 카드회사나 대출회사들은 사람이 죽고 돈을 찾으러 오지만 보험회사는 사람이 죽으면 보험금을 주러 간다. 또 종신보험은 상속이나 증여의 용도로도 사용되는데 법이 허용하는 범위 내에서 활용하면 절세할 수 있다. 그리고 특약을 넣어 정액형 또는 실비로 의료비를 보장받기도 한다. 또 상품의 형태에 따라 종신으로도 보장받고 나중에 연금으로 전환되거나 일시금으로 찾을 수 있게 만들어 놓은 것들도 있어 상황에 맞춰 사용하면 된다. 종신보험은 사실 가장[15]이 필요한 경우가 많은데 막내 자녀까지의 대학교육자금과 생활비 그리고 현재 보유 중인 집 대출금까지 더해서 살림의 규모에 맞춰 준비해 놓는다. 또 자본주의 사회에 태어났으면 생이 마감되고 장례를 치를 수 있는 비용 정도는 준비해 놓는 것이 좋다. 어느 탐험가는 항상 죽음에 대비해 목걸이에 유서와 본인을 발견한 사람의 사례비까지 준비해서 다닌다고 한다. 언제 있을지 모를 죽음에 대비하는 것이다. 죽음이라는 것을 생각하기 좋아하는 사람은 없지만 우리 모두 언제 어떻게만 다를 뿐 죽는다는 사실은 다르지 않다. 남은 가족의 부양비든 본인의 재산 정리 용도든 현대사회에서의 종신보험은 필수이며 예의이다.

---

15) 가정의 주 소득원.

5) 내 삶의 5대 영양소!

우리의 몸은 5대 영양소를 공급받아 생명이 연장된다. 지방 단백질 무기질 비타민 탄수화물로 이뤄져 있고 어느 한 가지라도 적정량보다 덜 들어오거나 넘치면 몸은 이상신호를 보낸다.

우리 몸이 생명 연장을 위해 5대 영양소가 필요한 것처럼 우리 삶이 안전하게 유지되려면 5가지 안전장치 역할을 하는 보험 상품을 확보하는 것이 좋다. 어느 하나 부족하면 위기의 상황에서 현재의 삶이 유지될 수 없는 것이다. 현재의 삶을 위기상황이 되더라도 고객이 큰 무리 없이 운영할 수 있도록 하는 것! 이것이 기본적으로 위험에 대한 보장이다. 우리 몸에 필요한 영양소처럼 5가지 보험을 고객의 생활에 맞춰 설계하면 된다. 항상 고객에게 어떤 설계를 해 주려면 현재 상황을 잘 경청해야 한다. 고객 말씀 속에 상담이 잘 풀릴 수 있는 고객의 필요한 부분이 나오게 된다.

6) 내 삶을 지켜주는 든든한 5종류의 보험

	보험설명	중복보장
실손의료비보험	보험사고 발생 시 보험약관에 약정한 금액만을 지급하는 정액보상과 달리 실제 들어간 비용을 보상하는 것을 말한다. 환자가 병의원에서 치료를 받고 청구되는 병원비 중 국민건강보험으로는 보장받을 수 없는 환자본인 부담금에 해당되는 의료비 중 90%까지 보장해주는 보험. 민영의료보험, 실비보험, 실손의료보험 등으로도 불리운다.[16]	불가

---

16) 출처: 실손의료보험(한경 경제용어사전, 한국경제신문/한경닷컴).
http://terms.naver.com/entry.nhn?docId=2079715&cid=42107&categoryId=42107

정액형 민영 의료보험	질병이나 상해로 치료를 받았을 때 치료비 규모와 상관 없이 보험회사에서 약정한 금액을 지급받는 보험이다.	가능
암 전문 보험	보험회사 약관에 정해진 암 진단 시 치료 여부와 상관없이 약정된 자금이 지급되는 보험이다.	가능
종신보험	보험기간을 한정하지 않고 전 생애, 사망할 때까지를 보험기간으로 하고 있다. 보험금은 사망하였을 때에만 지급되므로, 주로 사망한 후의 유족의 생활보장을 목적으로 한다.[17]	가능
연금보험	종신 또는 일정한 기간 동안 해마다 일정 금액을 지불할 것을 약속하는 생명 보험이다.[18]	가능

7) How and what?

어떤 상품이든 고객에게 권하기 전에 본인 입장에서 생각해보고 본인을 기준에서 검토해보는 것이 좋다. 내가 먼저 필요성을 느껴서 준비해야 그 다음 고객에게 추천할 수 있는 것이다. 먼저 현재 본인의 상태를 정리해보고 보유하고 있는 상품에 동그라미를 쳐보자.

(1) 상품가입유무확인 (본인기준으로 체크해보세요)

	실손의료비 보험	정액형 건강 보험	암 진단 자금 전문보험	종신사망 보험	연금
유/무					

---

17) 출처: 종신보험[終身保險](두산백과).
terms.naver.com/entry.nhn?docId=1142524&cid=40942&categoryId=31831

18) 출처: 연금보험[annuity insurance, 年金保險](두산백과).
http://terms.naver.com/entry.nhn?docId=1126396&cid=40942&categoryId=31831

(2) How and what

없는 상품은 준비해야 하는 부분이 되고 상품이 준비되어 있다면 '얼마'
정도 준비되어 있는지 확인해야 한다.

상담예시) – 이름: 전지연

　　　　　– 나이: 30대 초반

　　　　　– 내용: 미혼. 이모들이 암 치료력이 있어서 건강요양 쪽으로
　　　　　　　　관심이 있으며 암 치료자금을 원하고 있음.

　　　　　　　　노후자금이 부족하다고 생각하고 있음. 건강 상태 양호.

	실손 의료비 보험	정액형 건강 보험	암 전문 보험	종신사망 보험	연금
유/무	○	○	○	○	○
현재	5,000만 원 범위 내에서 의료비 보장	질병재해입원비: 하루 일당 4만 원/ 수술비 최저 10만 원~300만 원 사이	일반암 진단자금 5천/고액암 1억(일반암 진단 자금 포함)	일반사망 보험금 1억 원/재해사망 보험금 2억(일반사망 보험금 1억 원 포함)	65세부터 수령 시 월 100만 원대
목표	추가 필요 없음	하루 입원일당 6만 원 대원함/수술비도 최저 20만 원 더 받기를 원함	암 진단 자금도 1억 원 더 원함	생각 없음	월 120만 원 추가 수령을 원함
부족액		일당 2만 원/수술비 10만 원	암 진단 자금 5천만 원		연금수령액 20만 원

※ 추가 권유상품: 일당 2만 원 수술비 10만 원 추가로 나오는 건강보험, 암 전문보험, 연금보험.

항상 위 표를 토대로 상품의 추가 권유를 할 수 있다. 우리가 '얼마'라는
키워드로 다가가면,

첫 번째 '보험있어요' 반론이 제거된다. 요즘에는 무조건 보험은 다 있다.

핵심은 어떤 상품을 얼마나 준비했느냐이다. 나중에 사고가 터지고 나니까 수술비는 없고 입원비만 있는 보험일 수도 있는 것이고 암 진단 자금이 있는 줄 알았는데 알고 보니 고액암[19]일 수 있다. 이 경우 일반암에는 치료비가 해당되지 않는다. 그리고 집에서 돈을 버는 가장이 사망했을 때 보통 자녀의 교육자금들만 생각하지만 집안에서 갚아야 할 부채까지 더해서(예를 들어 아파트 대출금까지 더해서) 사망자금을 준비해야 하는 것이다. 보험설계를 꼭 영업적인 부분으로 다가가려 하지 말고 고객의 안전한 행복을 위해 일할 수 있다면 영업적인 부분은 자연스레 해결된다. 사람은 남을 도움으로써 이득을 취할 수 있다고 했다. 꼭 제대로 알려드리고 부족한 부분은 빠른 시일에 보충할 수 있도록 하자.

---

19) 고액암: 회사마다 약관에 정해진대로 암진단자금을 지급하는데 보통 치료비가 많이 들어가는 희귀 암들을 정의해서 고액암으로 정해놓았다.

부록

질병분류/보험용어/보이스피싱예방법

국제질병분류와 인체의 명칭

보험은 청약과정에서 질병이나 인체의 명칭이 사용된다. 의
료전문가 수준이 필요한 것은 아니지만 빨리 익숙해지고 많이
알수록 업무가 쉬워지기 때문에 자주 읽고 뜻을 파악하여 적
재적소에 사용하도록 하자.

1) 국제질병분류와 인체의 명칭

(1) 국제질병분류

세계각국간의 사망 및 질병통계에 사용되는 분류인데, 지금
까지 국제사인(死因)분류라고 했던 것을 1948년의 제6회 수
정부터 국제질병분류로서 WHO가 소관하여 10년마다 수정을
하고 있다. 현재(제9회수정판)의 기본이 되는 분류항(項)은 17
이고, Ⅰ. 감염염 및 기생충병 Ⅱ. 신생물 Ⅲ. 내분비, 영양, 대
사 및 면역질환으로 하고, 나머지를 해부학적 계통별 질환군
으로 분류하여(Ⅳ~Ⅹ, ?), 그 후에 분만, 기형, 신생아 질환(?,

XⅣ)으로, 불명확한 진단 또는 증상을 XⅥ군, 독립 보조분류(E)를 하고 있다.[20]

정액보험금 청구 시 보험회사는 약관에 등재된 질병분류코드로 보험금을 지급하게 되는데 이는 자물쇠에 맞는 열쇠를 찾는 것과 같은 작업이다. 약관에 없는 코드를 받으면 당연히 보험금은 나가지 않는다. 때문에 상담 시 "약관에 맞으면"이라는 말을 입에 붙이는 것이 좋다.

(2) 인체의 명칭

보험 상담일 경우 증상에 대해 알아두면 좋다. 청약서 기재 시 정확한 명칭을 이야기하면 언더라이팅이 빨라지기도 하고 심사정확도도 높아진다. 수많은 경우 제외하고 제일 많이 필요한 용어에 대해 알아보자.

① 염좌

염좌(sprain)는 관절을 지지해 주는 인대가 외부 충격 등에 의해서 늘어나거나 일부 찢어지는 경우를 주로 말하며, 근육이 충격에 의해서 늘어나거나 일부 찢어지는 경우도 염좌(strain)라고 말한다. 영어로는 전자의 경우를 sprain, 후자의 경우를 strain으로 구분하여 부른다. 인대나 근육의 일부가 아닌 전체가 끊어지는 경우는 파열(rupture)이라고 일컫는다.

보통 발목이 삐는 경우 대부분 염좌일 확률이 많다.[21]

---

20) 출처: 국제질병분류[International Classification of Diseases, 國際疾病分類](생명과학대사전, 초판 2008, 개정판 2014, 도서출판 여초)
http://terms.naver.com/entry.nhn?docId=2690810&cid=42411&categoryId=42411 대표 편집위원 강영희교수, 국제질병분류 2015.6.7

21) 출처: 서울대학교병원 의학정보, "염좌[distortion]", www.snuh.org/pub/infomed/sub01/sub01/

② 찰과상

넘어지거나 긁히는 등의 마찰에 의하여 피부 표면에 입는 수평적으로 생기는 외상으로, 쉽게 말하면 긁힌 상처를 말한다. 손상된 피부가 깨끗하지 않고, 다양한 깊이로 손상을 얻고 표피의 손실을 가져오는 상처이다. 표피층만 가볍게 다친 경우가 아니라면, 흉터 없이 상처가 완전히 나을 수는 없으며, 성인보다는 어린아이가 피부 두께가 얇아 흉터가 남기 쉽다.[22] 보통 넘어져서 무릎이 까졌다고 하는 경우 통용된다.

③ 타박상

외부의 충격이나 둔탁한 힘(구타, 넘어짐) 등에 의해 연부 조직과 근육 등에 손상을 입어 피부에 출혈과 부종이 보이는 경우를 말한다. 특히 피부가 얇은 눈 주위는 멍과 부종이 뚜렷하게 생긴다. 일상생활에서 가장 많이 볼 수 있는 것은 교통사고와 스포츠 손상이다.

넘어지거나, 차이거나, 외부의 충격을 받아 근육이 붓고 통증이 생기는 것으로 피부 속의 세포조직이 파괴되어 속으로 출혈이 되면서 검푸르게 멍이 든 것이다. 약하게 타박을 당했을 때는 창상과 골절, 내출혈 등 여러 가지 증상들이 함께 나타난다. 대개 맞거나 눌려서 생기지만 노인들에게는 저절로 생길 수도 있다. 일반적으로 여자가 남자보다 피부에 멍이 잘 드는데, 그 이유는 피부가 얇기 때문이다. 남녀 모두 중년에 접어들면 자연히 혈관을 보호하고 지지해 주는 섬유소가 파괴되기 시작해서 보다 멍이 잘 든다. 더군다나 일생 동안 태양광선에 노출되는 부위인 손과 팔의 등

---

22) 출처: 서울대학교병원 의학정보, "찰과상[abrasion]", www.snuh.org/pub/infomed/sub01/ sub01/

쪽 혈관이 약한 자극에도 쉽게 파손된다. 이는 태양광선에 의해 결체조직과 탄성섬유들이 약해지는 것이 원인이 된다.

아스피린은 혈소판의 기능을 며칠 동안 방해하므로 멍이 잘 생길 수 있지만 심각한 문제를 일으키지는 않는다. 이외에도 피임약, 관절염약, 이뇨제 등의 부작용일 수도 있다. 스테로이드도 쉽게 멍들게 하며, 간 기능 장애, 혈소판 감소증 등의 혈액응고 장애나 면역기능 이상이 있는 경우, 림프종, 백혈병 등 혈액종양이 있는 경우도 멍이 잘 들고 출혈이 쉽게 나타날 수 있다.

손상 후 2~3일이 지나면 반상출혈(eccymosis)이 보인다. 눌렀다 뗄 때 아픈 압통과 부종이 있고 때로는 혈종이 생기기도 하나 출혈된 혈액이 흡수되면 점차 피부색이 정상화된다. 타박상은 충격을 받은 부위가 부어오르고 통증이 발생되는 것이 가장 흔한 증상이다. 목 부위 타박상의 경우에는 목을 구성하는 척추가 교통사고 등으로 심하게 뒤로 젖혀졌다가 앞으로 숙이게 되어 발생하는 경우가 흔하다. 동통의 경우 타박을 받은 직후보다는 오히려 몇 시간 후에 더 심해진다.

목 부위의 척추 역시 원통형의 뼈들이 근육과 인대의 지지를 받아 지탱되고 있어 타박상을 입게 되면, 이들 근육과 인대가 손상을 받아 심한 통증이 나타나는 것이다. 목에 심한 긴장을 가져오므로 목의 통증과 함께 두통이 발생하는 경우도 흔히 볼 수 있다. 특히 목 부위의 심한 타박상의 경우 척수에서 나오는 신경도 심하게 손상되는 경우가 많다. 그리고 직접적인 손상에 의해 연부 조직의 모세혈관이 터져 조직 내로 피가 스며들어 부종이나 혈종, 근육의 부분 파열 등이 나타나는 경우도 있다.

타박이 광범위하게 생긴 경우에는 가볍게 열이 나는 수가 있으나, 만

1~2일이면 대개 자연히 없어진다. 타박을 당하고 나서 며칠 후에 열이 날 때에는 그 부위에 세균이 감염되었을 가능성이 있다. 피부에 나타나는 붉거나 자줏빛 멍은 치유되면서 색깔이 점차 검게, 푸르게, 녹색이 도는 황색으로 변하고 희미해져 노란색이 되는데, 이는 담즙색소 형성과 혈액의 분해 및 점차적인 재흡수의 결과이다. 혈우병의 경우 치료하지 않으면 피부와 연조직의 타박상이 계속 나타난다.[23]

보통 멍들었다고 하면 대부분 타박상이다.

④ 근육통(다른 명칭: 담)

근육통이란 근육에 생기는 통증을 의미하며, 다양한 질병이나 장애에서 나타날 수 있는 하나의 증상이다. 가장 흔한 원인은 해당 근육의 과도한 사용이다.

하지만 감염성 질환을 비롯한 수없이 많은 질환이나 장애에서도 근육통은 발생할 수 있으며 이 경우 함께 발생하는 다른 증상이나 증후들을 참고하여 원인을 밝혀야 한다.

종류별 관련 질환은 다음과 같다.

- 감염성 질환: 감기, 독감, 인후염, 인플루엔자, 폐렴, 장티푸스, 말라리아, 뇌염, 전립선염 등 수없이 많은 감염성 질환에서 근육통이 동반될 수 있으며 감염성 질환에 의한 근육통은 동시에 여러 근육에서 발생하는 경향이 있다.

---

23) 출처: 서울대학교병원 의학정보, "타박상[contusion]", www.snuh.org/pub/infomed/sub01/sub01/

– 자가 면역성 질환: 다발성 경화증, 근염, 루프스, 결절성 다발동맥염 등

– 대사성 질환: 부신기능부전 등

– 약물: 가다실(인유두종바이러스 예방접종약), 수마트립탄(편두통약), 스타틴(고지혈증약) 등

– 기타: 만성 피로증후군, 근막통증증후군, 섬유근육통증후군, 저칼륨혈증, 말초신경병증 등[24]

⑤ 자궁근종

자궁의 평활근에 생기는 종양인 양성질환을 말한다.[25]

⑥ 대장용종

장 점막이 비정상적으로 자라 혹이 되어 장의 안쪽으로 돌출되어 있는 상태를 말한다.[26]

⑦ 추간판탈출증

소위 '디스크'라고 잘 알려진 추간판탈출증은 각 척추뼈 사이에 존재하는 추간판(디스크)이 어떤 원인에 의해 손상을 입으면서 추간판 내부의 젤리 같은 수액이 탈출하여 주변을 지나는 척추신경을 압박함으로써 다양한 신경학적 이상증상을 유발하는 질환이다. 추간판탈출증을 이해하

---

24) 출처: 서울대학교병원 의학정보, "근육통[myalgia]", www.snuh.org/pub/infomed/sub01/sub01/

25) 출처: 서울대학교병원 의학정보, "자궁근종[myoma uteri]", www.snuh.org/pub/infomed/sub01/sub01/

26) 출처: 서울대학교병원 의학정보, "대장용종[colon polyp]", www.snuh.org/pub/infomed/sub01/sub01/

기 위해서는 척추의 해부학적 구조에 대해 구체적으로 알아보는 것이 필요하다.[27]

⑧ 담석

담즙 내 구성 성분이 담낭이나 담관 내에서 응결, 침착되어 형성된 결정성 구조물(담석)로 인해 증상이 발생한다.[28]

⑨ 위염

위장 점막에 염증이 생긴 상태를 말한다.[29]

---

27) 출처: 국가건강정보포털 의학정보, "추간판 탈출증[lumbar herniated intervertebral disc]", health.mw.go.kr/HealthInfoArea/HealthInfo/View.do?idx=2430, 2010.03.02.

28) 출처: 서울대학교병원 의학정보, "담석증[cholelithiasis]", www.snuh.org/pub/infomed/sub01/sub01/

29) 출처: 서울대학교병원 의학정보, "위염[gastritis]", www.snuh.org/pub/infomed/sub01/sub01/

보험용어

(1) 저축성보험

목돈마련이나 노후생활자금을 대비해 주는 보험 상품으로 납입한 보험료보다 만기 시 지급되는 급부금이 더 많은 보험이다. 보험료 중 사업비와 보장에 필요한 부분을 제외한 금액에 대해 높은 이율로 적립하여 만기에 지급하므로 주택자금이나, 결혼자금 등 목돈마련에 효과적이며 여기에 여러 가지 보장도 받을 수 있다. 저축성 보험 상품에는 새가정복지보험, 노후설계연금보험, 노후복지연금보험 등이 있다.[30]

(2) 보장성보험

사망·상해·입원·생존 등과 같이 사람의 생명과 관련하여 보험사고가 생겼을 때 피보험자에게 약속된 급부금을 제공하는 보험 상품을 말한다. 보장성보험은 보험료를 적게 거두어 보험금을 높게 지급하므로 중도해약이나 만기 시 환급금이 납

---

30) 출처: 네이버지식백과(원 출처: 매일경제, 매경닷컴), "저축성보험", terms. naver.com/entry.nhn?docId=9001&cid=43659&categoryId=43659

입보험료를 초과하지 않는다. 보통 재해보장보험, 암보험, 건강생활보험 등이 보장성보험 상품에 속한다. 반면, 저축성보험은 목돈 마련이나 노후 생활자금을 위한 보험 상품으로, 납입한 보험료보다 만기 시 지급되는 급부금이 더 많다. 저축성보험은 보험료 중 사업비와 보장에 필요한 부분을 제외한 금액에 대해 높은 이율로 적립하여 만기에 지급하므로 주택자금이나 결혼자금 등 목돈 마련에 효과적이며 여러 가지 보장도 함께 받을 수 있다.[31]

(3) 갱신형보험

보험료가 약정한 기간 이후에 변경될 수 있는 보험으로 보험금 지급 시점보다 앞선 시점의 보험료는 상대적으로 저렴하지만 나중에는 부담되는 보험금이 올라갈 수 있다.

(4) 비갱신형보험

보험료가 변동 없이 납입기간까지 그대로이다. 위험부담을 평균으로 나누기 때문에 나중위험까지 미리 내야 하는 상황이 벌어질 수 있다.

(5) 청약서

청약은 계약을 성립시키겠다는 의지의 표현이라 할 수 있다. 하지만 청약으로는 계약을 성립시킬 수 없으므로, 법적인 처벌이나 기타 강제적인 행위 또한 불가능하다. 청약을 신청하여, 청약의 구체적인 내용을 기록한

---

31) 출처: 네이버 지식백과(원 출처: 시사경제용어사전, 기획재정부, 대한민국정부), "보장성보험",
terms.naver.com/entry.nhn?docId=300094&cid=43665&categoryId=43665, 2010.11.

것을 청약서라고 한다.

청약의 효과는 청약서를 받은 후에야 청약에 의한 효력이 발생한다고 볼 수 있다. 청약에 해당하는 효력은 발생하지만, 역시 청약은 그것만으로는 상대방을 구속하는 효력을 가지지 않는다. 청약 당시 질병고지사항과 신용정보 내용들이 들어 있다.[32]

(6) 보험증권

보험증권은 보험종목·보험금액·보험기간·보험금을 지급받을 자의 주소와 성명 등이 기재된 본문(本文)과 보험계약의 내용을 기재한 약관(約款)으로 구성되어 있으며, 보험계약자의 청구에 의해보험회사가 교부하도록 상법 제640조에 규정하고 있다.

보험증권은 법률상 증거증권(證據證券)이므로 양도할 수 없으나, 해상적화보험(海上積貨保險)인 경우에는 선적서류(船積書類)의 하나로서 배서(背書)에 의해 화물의 매수인에게 양도되므로, 일종의 유가증권(有價證券)과 같은 효력을 가진다.[33]

(7) 보험약관

보험계약의 약관을 말한다. 넓은 의미로는 보통보험약관과 특별보험약관을 말하며, 좁은 의미로는 보통보험약관을 말한다. 이는 다수의 계약체결을 위해서는 보통보험약관의 형식을 취하는 것이 편리하기 때문이다. 보

---

32) 출처: 예스폼 서식사전, "청약서(subscrirtion, 請約書)", www.yesformdic.com/forms/view. php?cate_code=&cate_code2=&order=&dic_keyn=12602, 2013.

33) 출처: 네이버 지식백과(원 출처: 두산백과), "보험증권[insurance policy, 保險證券]", terms. naver.com/entry.nhn?docId=1102899&cid=40942&categoryId=31831

통보험약관이란 보통계약약관의 일종으로 보험자가 일방적으로 미리 작성한 보험계약의 내용이 될 약관을 말한다. 이는 회사의 정관과 함께 상사자치법규에 속하며, 특약이 없는 한 이를 내용으로 계약이 체결되고 사실상 보험계약자는 이에 따르게 되어 있으므로 이는 부합계약에 해당하며 대기업의 집단거래의 형식으로 되어 있다. 보통보험약관은 보험증권의 이면에 기재되는 것이 통례이며 따라서 계약이 성립된 후에 교부되는 보험증권을 통하여 계약자는 비로소 이를 알게 되는 경우가 보통이다. 그러나 계약자의 지·부지에 불구하고 상관습상 그 구속력이 인정되고 상법에 우선하여 적용되므로 보험법상 가장 중요한 법원이다.[34]

(8) 고지의무

보험계약의 체결에 있어서 보험계약자 또는 피보험자가 보험자에 대하여 중요한 사실을 고하지 않거나 중요한 사항에 대하여 부실(不實)한 고지를 하여서는 안 된다는 의무를 말한다.[35]

(9) 언더라이팅

언더라이팅(Underwriting)이란 생명보험계약 시 계약자가 작성한 청약서상의 고지의무 내용이나 건강진단 결과 등을 토대로 보험계약의 인수 여부를 판단하는 최종심사 과정을 말한다.[36]

---

34) 출처: 네이버 지식백과(원 출처: 법률용어사전, 이병태, 법문북스, 2011), "보험약관[保險約款, policy conditions]", terms.naver.com/entry.nhn?docId=460202&cid=42131&categoryId=42131, 2011.01.15.

35) 출처: 네이버 지식백과(원 출처: 두산백과), "고지의무[告知義務]", terms.naver.com/entry.nhn?docId=1062375&cid=40942&categoryId=31721

36) 출처: 네이버 지식백과(원 출처: 매일경제, 매경닷컴), "언더라이팅", terms.naver.com/entry.nhn?docId=15530&cid=43659&categoryId=43659

(10) 보장개시일

고액보험료일 경우 오지급을 막기 위해 유예기간을 두고 있다. 보통 암보험은 계약일로부터 계약일을 포함한 90일이 되는 날의 다음날까지 유예기간으로 정하고, 유예기간이 지난 후 50%를 지급하고 2년 이상이 되어야 100% 지급을 해주고 있기 때문에 고객에게 필수사항으로 주지시켜 줘야 한다.

(11) 부담보

부담보란 가입된 보험 기간 중 특정 부위 및 특정 질환에 대해서 일정기간 또는 전 기간 질병으로 인한 수술이나 입원 등의 각종 보장에서 제외하여 조건부로 가입하는 것을 말한다.[37]

(12) 만기환급형

보험만기 시 낸 보험료를 다 돌려주는 형태의 보험을 말한다.

(13) 순수보장형

보험만기 시 보험료를 돌려주지 않는 형태의 보험을 말한다.

(14) 비례보상제

의료비 비례보상제도란 피보험자가 상해 또는 질병으로 인해 의료기관에서 치료받게 됨으로써 발생하는 비용(의료비)을 보상하는 보험계약에

---

37) 출처: 네이버 지식백과(원 출처: 시사경제용어사전, 대한민국정부), "무담보", terms.naver.com/entry.nhn?docId=300940&cid=50305&categoryId=50305, 2010.11.

있어, 다수의 상품에 중복 가입하더라도 피보험자가 실제 부담한 의료비 이상은 보상되지 않고 피보험자가 부담한 의료비를 보험사 간 비례 분담하는 제도이다다수계약에 해당하는 보험종목은 제3보험인 상해·질병·간병보험 및 손해보험의 종합·장기손해·개인연금·퇴직보험임).

예를 들어 甲이 1,000만 원을 한도로 의료비를 보장하는 A보험과 B보험 두개의 상품에 가입했는데 병원비를 100만 원 부담한 경우 양 보험사로부터 각각 100만 원이 지급되는 것이 아니라 각 보험계약의 보상책임액 비율로 비례보상된다. A보험과 B보험의 보상책임액이 100만 원으로 동일하므로 각각으로부터 50만 원씩 지급받게 되는 것이다. 이러한 비례보상 제도의 취지는 의료비보장 보험 상품은 실제 발생된 손해를 보상하는 실손보상의 특성이 있음에도 다수 보험계약에서 중복보상이 이뤄질 경우 예상되는 부당이득의 문제점과 이로 인한 불필요한 장기입원 및 과잉진료행위 조장 등 사회적 폐해를 예방하기 위한 것이다.[38]

(15) 정액형 보험

부정액(不定額)보험, 즉 손해보험과 대비된다. 화재보험 등 손해보험에서는 손해가 발생하였을 때의 손해가격에 의해서 보험금액이 정해진다. 그러나 보험사고의 대상이 되는 인체(人體)에는 근본적으로 보험가격 산정이 거의 불가능하기 때문에, 정액보험의 전형(典型)을 든다면 바로 생명보험이다. 즉, 생명보험 등 정액보험에서는 계약에서 정해진 일정금액이 지급되는데, 상해(傷害)보험에서는 정액지급의 경우와 그렇지 않은 경우가

---

38) 출처: 네이버 지식백과(원 출처: 금융감독용어사전, 금융감독원), "의료비 비례보상제도", terms. naver.com/entry.nhn?docId=1988011&cid=42088&categoryId=42088, 2011.2.

있다.[39]

(16) 생명보험

사람의 사망 또는 생존을 보험사고로 하는 일체의 보험을 말한다.[40]

(17) 손해보험

보험자가 우연한 사고(보험사고)로 생기는 손해를 전보(塡補)할 것을 약정하고, 보험계약자가 이에 보험료를 지불할 것을 약정하는 보험을 말한다(상법 665조).[41]

(18) 보험금

보험사고(생명보험인 경우) 또는 소정의 손해(손해보험인 경우)가 발생한 때에 보험자가 보험계약자에게 지급하는 금전을 말한다.[42]

(19) 보험료

보험계약의 당사자 한 쪽인 보험계약자가 보험계약에 의거하여 보험자에게 지급하는 요금을 말한다.[43]

---

39) 출처: 네이버 지식백과(원 출처: 두산백과), "정액보험[Summenversicherung, 定額保險]", http://terms.naver.com/entry.nhn?docId=1140623&cid=40942&categoryId=31831

40) 출처: 네이버 지식백과(원 출처: 두산백과), "생명보험[life insurance, 生命保險]", terms.naver.com/entry.nhn?docId=1110442&cid=40942&categoryId=31831

41) 출처: 네이버 지식백과(원 출처: 두산백과), "손해보험[Property insurance, 損害保險]", http://terms.naver.com/entry.nhn?docId=1114484&cid=40942&categoryId=31831

42) 출처: 네이버 지식백과(원 출처: 두산백과), "보험금[insurance benefit, 保險金]", terms.naver.com/entry.nhn?docId=1102890&cid=40942&categoryId=31831

43) 출처: 네이버 지식백과(원 출처: 두산백과), "보험료[Premium, 保險料]", terms.naver.com/entry.nhn?docId=1102893&cid=40942&categoryId=31831

(20) 개인정보보호법

정보통신서비스를 이용하는 자의 개인정보를 보호하고, 정보통신망을 건전하고 안전하게 이용할 수 있는 환경을 조성하여 국민생활을 향상시키고 공공복리를 증진할 목적으로 제정된 법이다. 행정안전부는 2008년 8월 개인정보의 유출, 오·남용 등 개인정보 침해사례가 지속적으로 발생하고, 국민의 프라이버시 침해는 물론 명의도용, 전화사기 등 정신적·금전적 피해가 초래되고 있어 이에 대한 대응으로 개인정보보호법 제정법률안을 제정하게 되었다. 개인정보보호법의 적용 대상을 공공·민간의 모든 개인정보처리자로 하고, 개인정보보호위원회를 설치하며, 개인정보의 수집·이용·제공 등에 대한 단계별 보호기준을 규정토록 하고 있다. 또한 고유식별정보의 처리 제한을 강화하고, 영상정보처리기기의 설치 제한에 대한 근거를 마련하였다.[44]

(21) 신용정보보호법

신용정보는 금융거래 등 상거래에 있어서 거래상대방에 대한 식별·신용도·신용거래능력 등의 판단을 위하여 필요한 정보를 말하며, 이 중 개인에 관한 신용정보를 '개인신용정보'라 한다. 상거래 당사자 간 정보의 불균형을 해소하고 효율적인 금융거래를 위해서는 신용정보의 이용이 촉진되어야 하나 그로 인한 개인의 사생활 침해 소지가 있으므로 「신용정보의 이용 및 보호에 관한 법률」(이하 '「신용정보법」'이라 함)에서는 개인신용정보에 대해 기업신용정보와 달리 보호를 강화하고 있다. 즉, 금융회사 등

---

44) 출처: 네이버 지식백과(원 출처: 시사상식사전, pmg 지식엔진연구소, 박문각), "개인정보보호법[個人情報保護法]", terms.naver.com/entry.nhn?docId=932693&cid=43667&categoryId=43667

은 개인신용정보를 제3자에게 제공하기 위해서는 사전에 해당 개인의 동
의를 받아야 하며, 동 정보의 활용도 원칙적으로 상거래 관계의 설정 및
유지여부 등의 판단 목적으로 제한되고 있다. (다른 목적으로 활용하기 위
해서는 별도의 사전 동의가 필요하다.) 다만, 연체정보의 경우 신용정보집
중기관 혹은 신용조회회사에 제공되는 경우 이러한 사전 동의 대상에서
제외하고 있다.[45]

(22) 해지환급금

보험 가입자가 중도 해지 시 보험료 적립금에서 보험사 운영비 및 해지
공제액 등을 제하고 돌려받는 금액을 말한다.[46]

(23) 사업비

사업비는 보험회사가 보험영업에 쓰는 돈이다. 이 돈은 물론 보험가입자
가 내는 보험료에 포함돼 있기 때문에 사업비가 많으면 보험료도 그만큼
높아진다. 보험료는 장래 보험금 지급의 재원이 되는 순보험료와 보험회사
가 보험계약을 유치, 관리하기 위한 부가보험료(사업비)로 나뉜다.

사업비는 설계사 수당, 판매촉진비, 점포운영비, 직원급여, 수금비용 등
으로 구성돼 있다. 생명보험과 손해보험 모두 새 상품의 보험료 산출시 보
험회사의 운영에 필요한 사업비를 일정 비율(예정사업비율)로 계산해 당국

---

45)   출처: 네이버 지식백과(원 출처: 금융감독용어사전, 금융감독원), "개인신용정보[Personal
Credit Information]", terms.naver.com/entry.nhn?docId=1987643&cid=42088&category
Id=42088, 2011.02.

46)   출처: 네이버 지식백과(원 출처: 시사상식사전, pmg 지식엔진연구소, 박문각), "보험 해약환급금
[保險 解約還給金]", http://terms.naver.com/entry.nhn?docId=938258&cid=43667&category
Id=43667

으로부터 인가를 받는다. 이 비율을 보험계약자가 내는 보험료에 더하는데 이것을 예정사업비라고 한다. 예정사업비는 실제 쓰기 전에 뽑은 금액이므로 실제 집행액과 다를 수도 있다. 생명보험회사는 실제사업비가 예정사업비보다 적어 사업비가 남으면 배당제도를 통해 일부를 계약자에게 돌려준다.[47]

(24) 위험보험료

위험보험료는 순보험료와 부가보험료로 나뉘는데, 손해보험에서는 순보험료는 보험목적의 위험도에 따라 산출한다는 뜻으로 위험보험료라고도 한다. 생명보험에서는 보험가입자가 중도에서 사망한 때에 지급하는 사망보험금의 재원이 되는 부분을 말한다.[48]

(25) 보험부활계약

보험가입자가 정해진 납입기간 내에 보험료를 내지 못하면 해당 보험은 실효보험으로 분류되어 사고가 발생해도 보험금을 제대로 지급받지 못한다. 이때 가입자가 밀린 보험료를 모두 내고 보험계약을 정상으로 되돌려 놓는 것을 보험부활계약이라 한다.[49]

---

47) [네이버 지식백과] 사업비[business expenses](한경 경제용어사전, 한국경제신문/한경닷컴). http://terms.naver.com/entry.nhn?docId=2061737&cid=42107&categoryId=42107

48) [네이버 지식백과] 위험보험료[risk premium](한경 경제용어사전, 한국경제신문/한경닷컴). http://terms.naver.com/entry.nhn?docId=2062165&cid=50305&categoryId=50305

49) 출처: 네이버 지식백과(원 출처: 한경 경제용어사전), "보험부활계약", terms.naver.com/entry.nhn?docId=2061648&cid=50305&categoryId=50305, 2004.12.28.

(26) 3대 기본 지키기

① 자필서명 ② 청약서부본 및 약관전달 ③ 약관의 중요내용 안내

계약이 성사되고 상기 사항은 고객에게 꼭 이행되어야 한다. 시행한 기록도 남아야 하며 만일 증명하지 못하면 계약파기 조건에 해당될 수도 있다(음성녹음으로 청약이 이루어진 경우 자필서명은 제외되는 계약도 있다).

(27) 납입면제

보험가입자가 보험료 납입기간 중에 재해 또는 질병을 원인으로 보험료를 납입하기 어려운 장해상태가 됐을 경우(50% 이상 후유장해 발생) 보험사가 보험료 납입을 면제해 주는 경우를 말하며, 대부분의 보장성보험이 해당 서비스를 제공하고 있다.[50]

보이스피싱 예방법

다이렉트 채널의 특성상 유선상으로 고객을 만나는 일이 많기 때문에 오해의 소지가 다분한 것이 사실이다. 그렇기 때문에 고객이 필요이상 경계를 하더라도 인내심을 갖고 소통이 될 수 있도록 노력해야 하는 것이다. 이하 금융감독원 보이스피싱 예방법에서 발췌한 것이다. 참고하여 고객이 안심하고 상담 받으실 수 있는 환경을 만들어 가고 이를 주의하여 충분한 소통을 해야 한다.

⑴ 금융거래정보 요구는 일절 응대하지 말 것

전화로 개인정보 유출, 범죄사건 연루 등을 이유로 계좌번호, 카드번호, 인터넷뱅킹 정보를 묻거나 인터넷 사이트에 입력을 요구하는 경우 절대 응하지 말아야 하며, 특히 텔레뱅킹의 경우 인터넷뱅킹과 달리 공인인증서 재발급 등의 절차가 필요치 않아 타인이 취득 시 사기피해에 취약하다.

(2) 현금 지급기로 유인하면 100% 보이스피싱

(3) 자녀 납치 보이스피싱에 미리 대비

자녀 납치 보이스피싱 대비를 위해 평소 자녀의 친구, 선생님, 인척 등의 연락처를 미리 확보할 것.

(4) 개인·금융거래정보를 미리 알고 접근하는 경우에도 내용의 진위를 확인

최근 개인·금융거래정보를 미리 알고 접근하는 경우가 많으므로 전화, 문자메시지, 인터넷메신저 내용의 진위를 반드시 확인할 것.

(5) 피해를 당한 경우 신속히 지급정지를 요청

보이스피싱을 당한 경우 경찰청 112콜센터 또는 금융회사 콜센터를 통해 신속히 사기계좌에 대해 지급정지를 요청할 것.

(6) 유출된 금융거래정보는 즉시 폐기

유출된 금융거래정보는 즉시 해지하거나 폐기할 것.

(7) 예금통장 및 현금(체크)카드 양도 금지

통장이나 현금(체크)카드 양도 시 범죄에 이용되므로 어떠한 경우에도 타인에게 양도하지 말아야 하며, 통장이나 현금(체크)카드 양도는 전자금융거래법 위반으로 형사처벌을 받을 수 있는 범죄임(3년 이하의 징역 또는 2천만 원 이하의 벌금).

(8) 발신(전화)번호는 조작이 가능함에 유의

텔레뱅킹 사전지정번호제[51]에 가입되었다 하더라도 인터넷 교환기를 통해 발신번호 조작이 가능하므로, 사기범들이 피해자들에게 '사전지정번호제에 가입한 본인 외에는 어느 누구도 텔레뱅킹을 이용하지 못하니 안심하라'고 하는 말에 현혹되지 말 것.

(9) 금융회사 등의 정확한 홈페이지 여부 확인 필요

피싱사이트의 경우 정상적인 주소가 아니므로 문자메시지, 이메일 등으로 수신된 금융회사 및 공공기관의 홈페이지는 반드시 인터넷 검색 등을 통해 정확한 주소인지를 확인할 것.

(10)「전자금융사기 예방서비스」 적극 활용
① 피해금 환급 절차

- 피해구제 신청: 피해자는 피해금을 송금·이체한 계좌를 관리하는 금융회사 또는 사기이용계좌를 관리하는 금융회사에 피해구제 신청.

피해구제 신청을 받은 금융회사는 다른 금융회사의 사기이용계좌로 피해금이 송금·이체된 경우 해당 금융회사에 지급정지 요청.

- 지급정지: 금융회사는 보이스피싱 피해자의 요청 등이 있는 경우, 입금내역 등을 확인 후 계좌 전체에 대하여 지급정지.

- 채권소멸절차: 금융회사는 지급정지 후 금감원에 채권소멸절차 개시 공고를 요청 → 금감원의 개시 공고 후 이의제기 없이 2개월이 경과

---

51) 사전에 등록된 특정 전화번호로만 텔레뱅킹을 할 수 있는 제도.

하면 해당 계좌의 채권소멸.

사기이용계좌 명의인은 채권소멸 공고기간 중 사기계좌가 아니라는 사실을 소명하여 지급정지에 대해 이의 제기 가능.

– 피해환급금 결정·지급: 금감원은 채권소멸일로부터 14일 이내에 환급금액 결정 → 금융회사는 지체 없이 피해자에게 환급.[52]

---

52) 출처: 금융감독원 보이스피싱 지킴이(phishing-keeper.fss.or.kr/fss/vstop/main.jsp)

책을 마치며

〈집필의 현장〉

'아는 것을 메모해서 정리한 후 책으로 만들어야겠다.'

시작은 아주 간단했다.

휴대전화 사진기록을 보니 2013년 12월에 책 쓰기를 결심해서 탈고까지 1년여의 시간이 흘렀다. 후 작업까지 책 한 권을 만들기 위해 이렇게도 많은 과정이 있는 줄 알았다면 아마 책 쓰기를 결심하지 않았을지도 모른다. 그만큼 평균 이하의 문장력과 지구력을 갖고 있는 필자에게는 버거운 일이었다. 중간에 힘들어서 포기할까도 했지만 정보와 지식들이 정리되면서 느끼는 묘한 즐거움과 후배들을 위해 생기는 힘으로부터 나오는 끌림에 작업을 이어갈 수 있었다. 사실 멋진 문장을 만들거나 정확한 전문지식을 전달하고자 하는 마음은 처음부터 없었음을 고백한다. 단지 같은 일을 하는 또는 하고 싶어 하는 이들에게 사회인으로 많이 부족한 사람인 내가 사람 구실을 하며 의식주를 보험 전화상담으로 해결하는 원초적인 생존방식을 알아주길 원했다. 그리고 이 책에서 상담 기술적인 부분보다는 기본 소양을 좀 더 강조하고 싶었다. 항상 후배들에게 하는 이야기지만 능력이나 기술보다 태도가 성공을 결정한다는 것이다. 부족한 능력은 괜찮지만 아직 업무를 열심히 할 마음을 잡지 못한 이는 어디서도 성공하기 어렵다. 업무가 당연히 적성에 맞지 않을 수도 있고 그래서 중간에 포기한 후배들도 여럿 보았다. 세상은 넓고 할 일은 많다. 더 적성에 맞고 잘할 수 있는 일을 찾을 수 있는 것이다. 하지만 최선을 다해서 끝까지 해보고 그만둔 후배와 어중간히 발을 담그고 포기한 뒤 이직을 한 후배들은 다른 곳에서도 결과 차이가 많이 난다. 교육을 담당했던 후배는 누가 보아도 안타까울 정도로 노력했고 성실했지만 적성에 맞지 않아서 그만두었다. 하지만 이곳에의 경험이 다음 직장에서 그를 성공하게 만들었다. 이 글을 읽는 그대는 이 책에서 몰입하는 그 순간을 경험하기를 간절히 바래본다. 그 경험이 그대를 성공으로 이끌고 성공하지 못하더라도 행복하게 할 것이기 때문이다. 원래 이기적인 인간인 필자는 남 잘되는 일에는 사실 관심이 없었다. 과거부터 최근까지도……. 그랬던 필자가 변했다. 목에 피를 토해가며 열심히 일해도 제대로 된 방법을 몰라 월급을 일한 만큼 받지 못하는 후배들을 보면서 또 고지까지 다 와 놓고서 조금의 고비를 넘기지 못해 포기하는 후배들의 뒷모습이 나를 바꿔 놓았다. 그들에게 정리된 체계적인 학습 방법을 알려주고 급여를 많이 받게 해서 조금 나은 생활을 하도록 도와주고 싶어졌다. 열심히 하는 후배들의 열정이, 포기하며 돌아서던 수많은 이들의 축 처진 뒷모습이 나만 알고 내 일만 하던 이기적인 모습을 바꿔놓은 것이다. 사람들이 경기장에서 뛰는 운동선수를 좋아하는 이유는 열심히 몰입하는 모습을 좋아하기 때문이란다. 필자도 성장하는 후배들의 모습을 볼 때면 마음이 참 따뜻해진다. 신입시절 힘들게 수련하고 급여를 많이 받아 형편이 좋아진 후배들의 이야기를 들을 때면 보약을 먹은 것처럼 힘이 난다.

필자의 꿈은 할머니가 돼서도 예쁘게 차려입고 후배들과 함께 업무지식을 공유하며 오래도록 현장에서 일하는 것이다. 물론 월급에 구애받지 않고 일할 수 있도록. 그래서 더 열심히 일하고 있다. 부족한 필력으로 완성된 책이지만 글 안에 진심을 담아 필자의 눈과 귀와 손이 기억하는 모든 것을 그대로 전달하고자 했다. 이 글을 읽는 그대의 성공을 빌고 또 성공하지 못하더라도 그대가 콜센터 상담업무를 거치고 행복해지기를 간절히 기원하겠다. 그리고 나름의 방식으로 터득한 업무지식은 다음 후배들에게 그대도 나눠주시기를 바래본다. 그러다 보면 우리의 업무터전도 더욱 전문적이고 체계적인 모습을 갖출 테고 그것이 우리가 오래 행복하게 근무하는 길이 될 것이다. 모쪼록 자신만의 업무방식을 이 글들을 통해 찾아가는 시간 되시기를 기원하고 그대의 앞날을 응원하겠다! 그대도 나도 화이팅이다.

P.S. 이 글들이 혹시 도움이 됐다면 급여 많이 받으시고 나중에 만나서 짜장면 한 그릇 사시기 바란다. 필자는 탕수육을 대접할 테니!

개정판을 마치며

"그동안 쌓아 온 업무 노하우들을 잊어버리지 않게 글로 기록해 두자." 이것이 단순한 시작이었다. 하지만 글을 길게 쓰는 것은 정말 힘든 작업이었고 익숙하지 않은 일을 하다 보니 건강도 많이 안 좋아졌다. 과정이 순탄하진 않았지만 결국 세상에 나오게 된 《콜센터 연봉1억녀의 비밀노트》는 감사하게도 그 자체로 내게 마법 같은 선물이 되었다.

이 책은 콜센터와 보험 업무가 전부였던 삶에서 새로운 세상으로 이끌어 준 시작점이 되었다. 또한 많은 독자 분들의 후기에 보람을 느끼고 소통하며 함께 웃고 눈물 흘리기도 했다.

처음 책을 만들었을 때는 주변에 몇 권 나눠 주고 소장용으로 간직해야겠다는 생각이 컸다. 때문에 초판이 다 판매되고 재차 판매를 요청하는 독자들의 감사한 요청에도 재판을 인쇄해야겠다는 생각을 크게 하지 않았다. 하지만 요청이 계속되었고 다시 또 새로운 기회에 도전해 나아가던 중 출판사를 세워 책을 출판하였다. 아직 작은 회사이기 때문에 기존에 출판했던 좋은땅에서 많은 도움을 받을 수 있었다. 이 자리를 빌어 수줍게나마 감사의 말씀을 올린다.

콜센터와 보험밖에 몰랐는데 열심히 하니까 다른 길이 열리고 새로운 세상에 초대된다. 부족하지만 열심을 다해 만든 이 책이 누군가에게 새로운 디딤돌이 될 수 있으면 좋겠다. 이글을 읽고 계신 지금 그대의 앞으로의 길에 행운을 빈다.